智能时代
高等教育模式研究

李永忠　著

北方文艺出版社
哈尔滨

图书在版编目（CIP）数据

智能时代高等教育模式研究 / 李永忠著 . —— 哈尔滨：
北方文艺出版社，2023.5
　ISBN 978-7-5317-5773-3

　Ⅰ.①智… Ⅱ.①李… Ⅲ.①高等教育－教育模式－
研究 Ⅳ.① G640

中国国家版本馆 CIP 数据核字 (2023) 第 011697 号

智能时代高等教育模式研究

ZHINENG SHIDAI GAODENG JIAOYU MOSHI YANJIU

作　者 / 李永忠

责任编辑 / 李　萌　　　　　　　　　封面设计 / 汇文书联

出版发行 / 北方文艺出版社　　　　　　邮　编 / 150008
发行电话 / （0451）86825533　　　　　经　销 / 新华书店
地　址 / 哈尔滨市南岗区宣庆小区 1 号楼　网　址 / www.bfwy.com

印　刷 / 哈尔滨景美印务有限公司　　　　开　本 / 710mm×1000mm　1/16
字　数 / 190 千　　　　　　　　　　　印　张 / 13.5
版　次 / 2023 年 5 月第 1 版　　　　　印　次 / 2023 年 5 月第 1 次印刷

书　号 / ISBN　978-7-5317-5773-3　　定　价 / 48.00 元

前　言

人类正处在智能时代的门槛上，互联网、大数据、云计算和物联网等技术不断发展，智能对话和推荐、智能穿戴设备、智能语言翻译、自动驾驶、自动导航等正快速进入实用阶段。新产品、新技术、新业态改变着人们的工作、学习和生活方式，也变革着我们的高等教育。慕课和移动通信使学生的泛在学习成为可能，增强现实（AR）与虚拟现实（VR）提升了学生的学习体验性，智能助教可以为学生提供 24 小时的在线答疑服务，人脸识别门禁系统在一定程度上有利于校园的安全管理，等等。高等教育在享受这些由技术进步所带来的智能成果的同时也面临着挑战，智能时代的高等教育模式将做出怎样的调整？

面对智能时代高等教育的新形势，高校应以高等教育模式的组成要素为切入点，尝试探讨智能时代高等教育模式变革的现实困境和改进策略，以适应时代发展新要求。

本书概括和总结了高等教育的基本理论，通过对智能时代的总体特征、智能时代的社会形态与趋势、智能时代的经济形态与趋势等的分析，提出了智能技术的应用对高等教育的挑战、智能时代对高等教育的需求，并分析了有关国家的人工智能（AI）人才战略等情况，内容丰富，值得关注。

本书共七章，第一章是高等教育概述，第二章是高等教育原理，第三章是高等学校的教育主体，第四章是高等教育人才培养模式现状，第五章是智能时代高等教育的挑战与需求，第六章是智能时代的高等教育变革，第七章是智能时代的高等教育模式、方向与路径。

本书在编撰过程中参考了有关书籍和资料，在此，笔者对这些书籍和资料的编著者表示衷心的感谢。由于笔者水平有限，本书难免存在不足，敬请广大读者提出宝贵意见，以利今后改进。

目　录

第一章　高等教育概述

第一节　高等教育与高等教育学

一、高等教育

高等教育的概念和内涵在世界范围内并未形成一个较为统一的标准，随着 20 世纪高等教育"在发展中出现众多变化"，连对其定义也成为一项挑战性工作。从国际上来看，1962 年，联合国教科文组织对高等教育做出的界定为"高等教育是由大学、文理学院、理工学院、师范学院等机构实施的各种类型的教育"，该定义主要从高等教育机构分类的视角对其进行了综合。1976 年，联合国教科文组织开始尝试在《国际教育标准分类法》中对国际教育统计的标准进行统一，将中等教育以上的教育命名为"第三级教育"（tertiary education），即所谓的高等教育，将完成"第二级教育"即中等教育或具有同等学力证明作为进入本级教育的门槛。该定义是从教育阶段入手，对高等教育进行划分的。1998 年，在巴黎召开的首届世界高等教育大会上，高等教育被界定为"国家主管当局批准的，作为高等教育机构的大学或其他教育机构提供的各类中等教育后水平的学习、培训或研究性培训"。可以看出，该定义强调高等教育的提供者为国家主管当局批准的教育机构。潘懋元教授等从狭义角度界定高等教育为"以大学为主的专业教育"。《中华人民共和国高等教育法》采用广义的概念对高等教育进行界定，"高等教育是指在完成高级中等教育基础上实施的教育"。

二、高等教育学

关于高等教育学的定义只有以下几种：①一种以高等教育为研究对象，以揭示高等教育专业的特殊规律、论述培养专门人才的理论与方法为研究任务的高等教育学新学科。②高等教育学以一般教育理论为着眼点，以揭示高等教育矛盾为主要任务，以最终摸索高等教育发展规律为主要目的。③高等教育学是研究专门人才培养和教育规律的科学，人才培养类型是这种学科培养的具体体现，它反映了社会发展对人才发展的需求。综合学术界和前辈们对高等教育学的定义可以看出，高等教育学作为一个独立的学科在我国起步时间较晚，但是发展速度较快，我国政府也大力支持高等教育学的发展。根据相关文献中的高等教育学定义及意义，笔者认为，高等教育学作为教育学的独立分支学科，发挥着其他学科不可替代的作用，其作为一定社会阶段的特殊产物，影响着各国社会的发展走向。经过几十年的建设与发展，高等教育学开始形成一个系统的学科体系，包含高等教育原理、高等教育管理学、高等教育社会学、高等教育经济学、比较高等教育、中外高等教育史等。高等教育学在高等教育原理和教育规律的指导下，承担培养高级人才的任务，解决高等教育领域出现的问题和矛盾。

高等教育学是集理论性和实践性于一身的综合学科，具有独立性和综合性的双重属性。理论与实践相结合才能更加有效地指导社会和高等院校中的高等教育活动顺利开展，发挥更大的作用和价值。众所周知，高等教育学发源于西方，建立时间持久，体系较为牢固，我国各高等院校可以加以借鉴，但不能以西方的模式作为固定模式，形成思维定式，信奉教条主义，而应该在学习借鉴的过程中形成原创性思维，建立特色的高等教育体系，培养更多服务于国家政治、经济和社会发展，适用性强的"宽专业"的各种专门人才。

第二节　高等教育目的

一、教育目的的概念

教育目的有广义、狭义之别。广义的教育目的是指人们对受教育者在接受教育后所产生的结果和所发生的积极变化的期待。它是人们对受教育者达成状态的期待，是人们希望受教育者通过教育在身心诸方面发生什么样的变化，或者产生怎样的结果。狭义的教育目的是各级各类学校必须遵循的总要求，以及各级各类学校在课程或教学方面对所培养的人的特殊要求。

二、教育目的的功能

（一）对教育活动的定向功能

任何社会的教育活动，都是通过教育目的才得以定向的。教育目的及其所具有的层次性，不仅包含对整体教育活动努力方向的指向性和结果的要求，而且还含有对具体教育活动的具体规定性。它指示给教育的不仅有"为谁（哪个社会、哪个阶层）培养人""培养什么样的人"这样的方向，而且还包括现实教育中解决实际问题的具体路径。

（二）对教育活动的调控作用

教育目的对教育活动的调控作用只有借助以下方式来进行：一是通过确定价值的方式来进行调控。这一点主要体现在对教育价值取向的把握上。教育的产生和发展既是社会的需要，也受社会制约，社会在利用教育来满足自身或人的发展时，无不赋予它特有的价值取向。因此，教育目的带有一定价值实现的要求，并成为衡量教育价值意义的内在根据，进而调控实际教育活动，使其对"价值不可违背"。二是通过标准的方式进行调控。教育目的总是含有"培养什么样的人"的标准要求，这些标准对实际教育活动的影响是多方面的，是教育活动"培养什么样的人"的基本依据，使教育者根据这样的标准调节和控制自身对教育内容或教学方式的选择等。三是通过目标的方式来进行调控。一种教育目的的实现会使它自身衍生出一系列的短期、中期或长期的目标，正是这样一些目标，铺开了教育目的可以实现的操作路线，具体调节和控制教育的各种活动。

（三）对教育活动的评价功能

教育目的不仅是教育活动应遵循的根本指导原则，而且也是检查评价教育活动的重要依据。因为一种能够实现的教育目的，总是含有多层次的系列目标，这使得它对教育活动不仅具有宏观的衡量标准，而且还具有微观的衡量标准。依据这些标准，能够对教育活动的方向和质量等做出判断，评价教育活动的得与失。

教育活动的上述功能是相互联系、综合体现的。每一种功能的作用，都不是单一表现出来的。定向功能是伴随评价功能和调控功能而发挥作用的，没有评价功能和调控功能，定向功能难以发挥更大的作用；而调控功能的发挥需要以定向功能和评价功能作为依据；评价功能的发挥也离不开对定向功能的凭借。在现实教育活动中，应重视和发挥教育目的的这些功能，对其能够合理地把握，在于对教育目的理解的深刻性和全面性。

三、高等教育目的

（一）高等教育目的的内涵

1. 高等教育目的

高等教育目的是依据总的教育目的，从高等教育实际培养任务出发制定的。我国对高等教育目的表述为"培养德、智、体全面发展的社会主义高级专门人才"。

2. 高等教育目的与高等学校培养目标

高等教育目的是高等教育工作遵循的总方向，但是它代替不了各级各类高等学校对其所培养的人的特殊要求。高等教育培养目标则是指各级各类高等学校确定的对所培养的人的特殊要求。它是由特定的社会领域和特定的职业层次需要决定的。

高等教育目的是概括的、抽象的、较遥远而不易达到的，而高等学校培养目标是分析的、具体的、较迫切而易于实现的。但两个概念在本质上是趋于一致的，高等教育目的的实现程度可以从培养目标的实现上得到反映，高等学校培养目标是高等教育目的的具体化。

（二）高等教育目的的作用

高等教育目的主要表现为以下几个方面。

1．具有导向作用

高等教育目的一经确立，就成为高等教育活动的方向，不仅为教育者指明工作方向和奋斗目标，也为受教育者指明发展方向，并预定了受教育者发展的结果。

2．具有调控作用

高等教育目的对整个高等教育活动的全过程具有调控作用。

3．具有评价作用

高等教育目的是衡量和评价高等教育效果的根本依据和标准。

4．具有激励作用

目的是一种结果指向，一旦被人们认识和接受，不仅能指导实践活动的全过程，而且能激励人们为实现目的而奋斗。

（三）制定高等教育目的的依据

高等教育目的实质上是特定的政治经济的反映，是具体时代的产物。我们认为高等教育目的要以一定的理论和实践基础为依据，体现时代特征。

1．社会需要是制定高等教育目的的客观尺度

社会是人类生存的空间，是人才成长的摇篮，高等教育作为一种社会活动，首先要依据社会需要来确定自己的目的。在阶级社会里，占统治地位的阶级总是按自己的阶级意志和政治路线培养自己的专门人才。社会需要决定着人才规格，决定着各级各类人才的数量和质量。

2．个体需要是制定高等教育目的的内在准则

高等教育的对象是活动着的人，其身心发展有着自己的内在规律，社会期望只有转变为个体内部的心理需要，并且与受教育者的生理机制、心理机制相吻合，才能促进其身心全面发展。个体需要包括生理需要和心理需要两个方面，其中生理需要是制定高等教育目的的生理前提。促进体格健壮、提高体质体能、增强抗病能力和培养良好的精神状态是学校教育的重要目标，所以要重视体育对培养年轻一代的生理素质的作用。作为一个完整的个体，还要有健全的心理。个体的心理需要是多层次的，随着生理的发展，个体的

心理也不断发展，并在不同的发展阶段体现出不同的特点。将受教育者的生理需要和心理需要结合起来，是制定高等教育目的的基本思想。

（四）实现高等教育目的的途径

1. 高等教育目的的组成部分

高等教育是一种特殊的社会活动，高等教育目的由一些既相互联系又相对独立的成分构成，即德育、智育、体育、美育等。它们都具有双重性，既是高等教育目的的内容，又是实现高等教育目的的途径。

2. 实现高等教育目的的途径

德育、智育、体育、美育构成了高等教育活动的基本内容，其余活动都围绕着它们来进行。

（1）德育是实现高等教育目的的方向保证

德育是向学生传授一定的思想政治观点和道德规范，以形成他们的思想品德，发展他们的道德判断能力和自我修养能力的活动，属于形成个性的教育范畴。德育对巩固和发展一定的生活制度、形成统一的社会规范、确立稳定的社会秩序等具有重要作用，对于教育者各方面素质的发展具有导向作用，历来是高等教育目的的重要组成部分，也是实现高等教育目的的必由之路。我国社会主义高等学校的德育是培养现代化建设的开创者和造就无产阶级事业接班人的重要措施之一。对广大学生进行以社会主义思想体系为主导的德育是高等学校坚持社会主义办学方向的根本保证。

（2）智育是实现高等教育目的的手段

智育是向学生传授系统的科学文化知识和基本技能，发展他们智力的活动。它不是单纯的知识教育，而是知识教育和智能教育的总称。其内容包括文化科学领域的所有知识技能，包括人类认识能力的所有因素，是实施德育、体育、美育的必要前提。因此，智育是高等教育目的的核心。

（3）体育是实现高等教育目的的生理基础

学校体育是有计划、有组织地授予学生身体锻炼和运动的知识技能，强化学生体能，提高学生运动能力，并使其形成良好品德的教育。它是以学生身体活动为媒介，培养学生身心全面协调发展的教育，是高等教育目的的重要组成部分和实现途径。

（4）美育是实现高等教育目的的动力支持

美育在培养学生正确的审美观点，提高学生感受美、鉴赏美的能力和激发学生表现美、创造美的能力方面起着主渠道的作用。美育既是高等教育目的的重要组成部分，又是一种富有说服力、感染力和吸引力的教育手段。美育在促进人的全面发展过程中具有独特的作用。

四、人的全面发展学说与素质教育

（一）关于人的全面发展学说

人的全面发展是指人的体力和智力、能力和志趣、道德精神和审美情趣等多方面的发展。人的发展所表示的无非是人发展什么和发展到什么程度，它只能解释为人的体力、智力、能力、精神道德等各个方面怎么发展和发展到什么样的程度。人的全面发展不能解释为劳动（体力劳动和脑力劳动）的发展，也不能解释为劳动的结合。只有当我们把体力劳动和脑力劳动相结合，理解为人的劳动能力获得了多方面的、充分的、统一的发展时，才能与人的全面发展的含义联系起来。

人的全面发展是整个人类全面发展的总趋势和总目标，也是教育活动的总目标。在社会生产发展允许的条件下，教育只是实现人的全面发展的途径之一，但却是非常重要的途径。学校教育培养德、智、体、美、劳全面发展的人，不仅是贡献于每一个教育对象个体，也是对整个人类全面发展历史进程的巨大推动。所以，教育活动的改造与物质基础的变革、社会制度的变革一样，都是人的全面发展目标实现的重要条件。而将人的全面发展理论作为制定学校教育目的的指导思想是社会历史发展的必然要求。

（二）素质教育的全面发展观

素质教育是指依据人的发展和社会发展的实际需要，以全面提高学生的基本素质为目的，以尊重学生的主体和主动精神、注重开发人的智慧和潜能、注重形成人的健全个性为根本特征的教育。

素质教育的全面发展观包括面向全体学生、促进学生全面发展和倡导学生的主动发展。

1. 面向全体学生

素质教育要面向全体学生就必须使每个学生都能在自己的基础上得到最好的发展。由于先天遗传，后天所处环境、所受教育，以及自身努力程度不尽相同，因此处于同一发展阶段的教育对象既有共性的相似，又有个性的差异。实施素质教育就是要正确对待学生的个性差异，重视因材施教，为每个学生创造适合其个性发展的外在氛围，既关心帮助暂时落后的学生，激励他们，保护其自信心，培养其学习能力，使其成功学习，同时又要千方百计地创造条件培优促特，让有特长的极少数学生发展得更好。素质教育面向全体学生的广泛性与人的全面发展的学说是一致的。

2. 促进学生全面发展

素质教育是人的全面、充分、自由、和谐发展的教育，内容包含德育、智育、体育、美育等方面，这些方面都存在着本质的联系。从根本上说，德育是根本、方向和灵魂；智育是基础；美育是动力；体育是保障。人的素质的提高需要人一生不断地努力，但学校的系统性教育则是全面素质教育最为关键的阶段，一个人在学校主要学做两件事 —— 学会做人和学会做事。

3. 倡导学生的主动发展

主动发展是一种个性教育，也是一种创新教育。素质教育认为，由于人的个体先天素质、后天环境和教育影响的不同，学生的素质结构不可能千篇一律，因此实施素质教育就是要把学生的个性列为重要发展对象，提倡"让学生主动发展"，尊重学生的主体地位，调动其积极性，全面观察分析每个学生，善于发现和开发学生的潜质，为学生创造良好的、宽松的空间，使他们的个性得到充分自由的发展。

五、高等教育的人才观和质量观

高等教育的人才观是教育思想的核心问题，即如何科学地确定人才培养的目标和规格。这是由教育的基本职能决定的。

高等教育的质量观是对教育工作及学生质量的基本看法和评价。其中，对接受高等教育的学生的质量评价是高等教育整个质量评价体系的重心所在，因为教学工作各方面的质量最终要通过学生的质量反映出来。

通过对人才观和质量观的分析，我们不难发现，人才观和质量观的关系表现为：有什么样的人才观，就会有什么样的质量观，而一定的质量观则反映了相应的人才观。在教育过程中，人才观与培养目标息息相关，质量观与教学任务、教学评价密不可分。具体到高等教育，人才观指明了高等教育人才培养的目标和规格，给教学工作确立了方向；质量观则明确了教学的任务，同时也为教学工作完成后的质量评价工作做了思想上的准备。

（一）人才标准与素质结构

1. 新时期的人才标准

新时期的人才，强调其独立性、灵活性和适用性，强调创新精神和创造能力，强调整体观念、协作意识、务实精神和主动获取精神，以及应用知识信息的能力。这种标准符合社会发展需要。同时，对自主、独立、合作、创新意识的培养也是对人性的一种解放。

2. 新时期创新型人才的素质结构

新的人才观要求高等学校培养出更多更好的，具有国际眼光、综合能力和创新精神的创造型人才。这类人才既要适应国内现代化建设的需要，又要适应国际经济市场在技术和商品方面激烈竞争的要求。创新型人才的素质结构主要包括以下方面。

（1）创新观念

创新观念是创造活动的主体必备的素质，是进行科学创造的重要心理机制，也是学生将来勇于参加国内和国际市场竞争的动力源。因此，应该重视、爱护学生的创新观念，使他们具有强烈的创新动机、坚韧不拔的创新意识和健康向上的创新情感，应以面向世界、走向世界的现代观念来要求学生。

（2）国际意识

国际意识就是立足本国又面向世界的现代化意识。它表现为努力学习世界各国包括资本主义发达国家的先进的科学技术、具有普遍适用性的经济行政管理经验，以及积极参加国际竞争的开拓精神。

（3）合理的智能结构

智能是智力和能力的总称。智能结构是人才个体经营的质量、技能所组成的多系列、多要素、多层次的动态的综合体。其中，多系列是指人才个体职能是按智力—技能—能力的次序排列好的动力系统；多要素是指智能系统是由内在的心智因素与外在的活动表现等多种因素构成的。心智包括观察、注意、记忆、想象等心理活动要素；外在活动包括组织能力、实际操作能力、竞争能力和创作能力等多种要素。多层次是指人才职能是由以思维力为第一层次，以吸收学习能力、加工学习能力和输出信息能力为第二层次，以适应本职能力、设计开发能力和交往共事能力为第三层次等多种层次构成的。每一种层次和要素都处在相互依存、相互联系、相互影响的动态中。根据培养人才类型的不同，可以按照不同的模式优化智能结构。

（4）优化的知识结构

优化的知识结构是指具有一定层次的知识系统纵横交织组成立体网状的结构。横向系统是以自然界与人类社会的一些最基本规律为基础，并贯穿各知识门类的有效组成，包括文化修养、科学思想方法、社会工程学。纵向系统是以专业需要为主线，由基础知识、基础技术知识、专业基础知识和专业技术与实践知识四个基本层次构成的合理整体。

（二）树立正确的高等教育质量观

1. 正确认识高等教育质量观的科学含义

教育质量标准可以分为两个层次：一是一般的基本质量要求；二是具体的人才合格标准。教育质量同样具有广义性、实效性和相对性。对高等教育来说，前者指的是一切高等教育都要依据我国教育目的和高等教育一般培养目标，培养德、智、体、美、劳全面发展，人文素质和科学素质结合，具有创新精神和实践能力的专门人才；后者指的是依据各级各类高等教育的具体培养目标所规定的质量要求，是衡量所培养的人才是否合格的质量规格。

如今，随着高等教育规模的迅速扩大，以及社会对高等教育质量要求的不断提高，高等教育的质量又有了新的内涵。

在高等教育大众化的时代，人们对高等教育的需求促使社会人才供求关系中的"卖方市场"变为"买方市场"，受教育者根据个人的兴趣、志向、就业的导向，以及社会经济、政治、文化和科技的发展要求进行高等教育的学习内容及学习场所的选择。这种需求和选择决定着高等教育的生存和发展，其满足需要的程度就必然成为高等教育质量的新标准。

根据这样的教育质量观，高等教育质量观应该是高等教育机构在遵循教育自身规律与科学发展逻辑的基础上，在既定的社会条件下，使培养的学生、创造的知识及提供的服务均能满足现在和未来社会发展的需要，满足学生个性充分发展的需要。这一质量观具有良好的适应性特色和多元化内容标准，它既是排除非真正意义上的有历史局限性的质量观，又是防止出现埋没学生个性和创造力的情况的质量观。

2. 高等教育进入大众化阶段必须相应转变质量观

在精英阶段，高等教育的质量以精英教育的标准来衡量，在进入大众化阶段以后，则应建立与此阶段相适应的质量观。形成正确的质量观，将直接关系到高等教育大众化的进程和健康发展。

考察近几十年国际高等教育发展的历程，我们可以看到，每个国家由精英教育向大众化教育发展的时期，都面临如何处理数量和质量关系的问题。而能否树立正确的质量观，具有关键性意义。美国与英国的情况，就具有两方面不同的代表性。美国的高等教育深受实用主义教育价值观的影响，把不断满足广泛的、多样化的社会需求，以及对之做出迅速反应和最好的适应作为高等教育追求的目标，形成了高等教育的多样性。这不仅加快了高等教育大众化步伐，而且使其大众化程度远远高于其他国家。而英国高等教育的传统是高度的选择性和单一的学术质量标准。在高等教育由精英阶段向大众化阶段发展的过程中，英国曾用传统的大学学术标准统一要求、规范所有高等学校的人才规格和质量标准，由于没有树立正确的质量观，把精英教育的质量标准简单地扩大为大众化教育的标准，对多科技术学院和教育学院这些非尖子型高等教育部门也按照尖子学校、精英教育的标准来要求，使得英国高等教育大众化的速度缓慢。

从 20 世纪 90 年代中期开始，我国经济和社会生活领域发生了巨大变革，使精英教育的质量观有了一定程度的变化。高等教育的改革，开辟了多种渠道，发展了多种高等教育形式，扩大了高等教育供给，满足了广大人民群众长期被压抑的高等教育需求，促进了高等教育的快速发展，开启了高等教育大众化进程。

中外高等教育大众化正反两方面的事实充分说明，在经济和社会生产力发展到一定程度之后，质量观是制约高等教育大众化进程的重要因素。从单一的质量观转变为多样化的质量观，从精英教育质量观转变为大众教育质量观，不仅会推动高等教育大众化进程，而且会推动整个高等教育的改革与发展。

3. 树立正确的高等教育质量观

高等教育质量是高等学校永恒的主题，不同时期应针对不同问题来强调高等教育的质量，确立相应的质量观。在我国当前的高等教育大众化时期，最要紧的是树立发展的质量观、多样化的质量观、整体性的质量观、特色化的质量观。

（1）发展的质量观

我国的高等教育事业取得了长足的进步。但当前我国高等教育的发展规模和发展水平还不能很好地满足经济与社会的发展和广大人民群众接受高等教育的需要，因此我们必须确立以发展为核心的、服务于高等教育发展的质量观来推进高等教育大众化的进程。

同时我们也要看到，不同时期的高等教育质量有不同的主题，质量标准也是个发展的概念，没有一成不变的质量标准。质量观是随不同时期的不同发展主题而变化的，不同时期确立的质量标准应有利于高等教育的发展，而不是背离和限制高等教育的发展。不可脱离发展来谈质量，更不要借质量问题来限制高等教育的发展。

（2）多样化的质量观

社会需求是多样的，学校规格是多样的，学科门类是多样的，学生个性是多样的，这些都决定了质量标准的多样化。不能用研究型大学的质量标准来衡量教学型大学，用本科教育的质量标准衡量其他层次、类型的学校。发达国家高等教育大众化的经验和教训告诉我们，没有高等教育质量的多样化，就不可能健康地实现高等教育的大众化。

（3）整体性的质量观

当今时代，虽然高等教育仍然以培养人才为主要任务，但高等教育的职责范围和活动空间已得到极大扩展，成为一个以人才培养为核心，由培养人才、发展科学与文化、直接为社会服务等构成的职责和活动体系。因此，高等教育质量具有整体性，而不是单一的人才培养质量，对高等教育质量的评价需要确立一种整体的质量观，而不是从某一方面确立高等教育的质量观。

当前，我国高等教育还缺乏这种整体性的质量观。在评价高等教育质量的过程中，往往只根据人才培养这一因素来评价高等教育的整体质量，忽视了高等教育是否满足人们的受教育需求，以及高等教育是否积极促进现代化建设这些更为根本的内容。随着高校扩招，高等学校不可避免地出现了师资、教室、图书馆、实验室、宿舍等教学和后勤条件紧张的状况，存在一些影响人才培养质量的问题，这是要引起重视的。但我们不能据此认为高等教育的质量在下降。高等教育是否能促进当地社会的经济、政治、文化发展，是否能满足广大人民群众的受教育需要，是否有利于高等教育自身的发展，都是判断高等教育质量高低所要考虑的。

（4）特色化的质量观

高等教育人才培养的需求者主要来自两个方面：一是用人单位，二是学生。这两者需求的多样化、个性化，要求各高等学校办出特色，以主要满足某类或某几类"顾客"的需求。一所高质量的大学必定有一个明确的而且是生机勃勃的办学目标，所以它不可能是满足所有人的所有要求的"大杂烩"，它需要在众多的要求中做出选择并确定哪些是应该考虑的重点。

具有不同特色的学校，其质量、水平应具有不同的类比性。

在需求日益多样化的社会，各个学校办出特色是提高整个高等教育系统整体效益的要求。在竞争日趋激烈的社会，办出特色是学校求生存、求发展的必由之路。因为特色就是质量，特色就是水平，特色就是生命。

4. 建立高校内部教育质量监控和评价体系

目前，高校对来自政府部门的质量评价比较重视，而对高校内部的自我评价和社会评价重视不够。在高等教育大众化阶段，高校自我评价是进行动态管理的首要条件，也是实现教育的全面质量管理的重要保证。它可以作为教育质量的监控器，推进高校教育质量、办学水平的自律；可以激励高校及其子系统成为一种"学习型组织"，使其富有生机活力和充满发展势头。

高校自我评价机制的建立要重视教育质量的过程性评价和产出性评价。一方面是对教学过程进行监控和评价，包括建立校、院、系三级教学质量管理体系和规章制度，建立教学质量信息体系，建立教学质量督导体系，建立校、院（系）两级教学质量监控机制，建立教学质量评估考核项目及指标，建设一支高素质的、具有专门评价知识的教学质量管理队伍。另一方面是对毕业生质量进行监控，要将人才培养质量作为衡量一所高校教育水平的主要指标，从学生就业开始，就社会对毕业生的欢迎程度和毕业生一次就业率进行评价，通过社会中介机构对毕业生在社会各行各业的工作情况进行科学评价，评价结果要向社会公布。要根据市场化、社会化的要求，建立科学的高校人才质量评价体系，建立高等教育质量评价的市场机制，用市场来检验高等教育质量、提高高等教育质量。

第三节　高等教育的本质

一、高等教育与社会发展

高等教育作为社会现象之一，不是孤立存在的。它与社会发展的整体及其他社会现象存在着密切的关系，它们相互制约，又相互依存，它们在相互作用中发展前进。我们要研究它们之间的关系，理解和认清高等教育的社会功能。

（一）高等教育与经济发展

高等教育与经济发展的联系，一方面表现为经济发展对高等教育发展起着决定性性作用，另一方面表现为高等教育与经济发展并进，并促进经济发展，两者间存在着本质的联系。

1. 经济发展对高等教育的制约作用

经济是人类社会生存和发展的基础，是引起一切人类社会生活发展变化的决定因素。一定的经济发展水平为高等教育的发展提供了经济条件，也对高等教育的发展提出了一定的客观要求。

（1）经济发展是高等教育发展的物质基础

首先，高等教育是经济发展到一定程度的产物。人类在社会生产实践活动中，只有获得充分的剩余劳动时间和剩余劳动产品，才能为高等教育提供相应的物质条件和为受教育者提供劳动保证。

其次，社会经济发展水平直接决定着高等教育事业的发展状况。高等教育要培养涉及国民经济各个部门、各个方面的高级专门人才，这种高级专门人才的培养，要具有相当的规模和办学条件，要投入相当多的人力、物力、财力才能奏效。经济的发展为兴办高等教育事业提供各种物质条件，如人力、物力、财力和大量的社会投资及相应的经济实力。

最后，高等教育的发展必须以经济的支持能力和需求为先决条件。高等教育事业的发展不可能脱离国民经济的实际而孤立地发展。它只有同国民经济发展的要求相适应，才能有生命力，才能充分发挥自己的作用。否则，它就会失去自身发展的条件和物质基础，难以维持。

（2）经济发展水平影响着高等教育的规模和速度

社会经济与生产力发展的规模和速度不仅决定着高等教育所培养的各种规格及各种类型的高级人才的数量和质量，而且还制约着高等教育的速度和规模。当经济发展水平、社会生产力发展程度低下时，社会就不可能有更多的人力来办标准较高的高等教育，高等教育就会受限制，发展速度就会缓慢，反之则发展速度可能加快。衡量高等教育规模与速度的很重要的标准是高等教育的毛入学率。高等教育的毛入学率是指高校在校生总数与相应年龄段（18～22岁）人口的比例，表明一个国家提供高等教育机会的综合水平。

（3）经济发展水平制约着高等教育的内容和手段

随着经济的发展、科学技术的进步，高等学校课程的门类要不断增减，课程的结构要不断调整，教学内容要不断更新。同时，高等学校的物资设备、教学实验仪器等都是一定科学技术在高等教育领域的应用，它也从根本上反映了经济发展的水平。把新的科技成就引入高等教育领域，把教育手段建立在现代科学技术的基础上，将大大提高高等教育手段的现代化水平。

（4）经济体制决定着高等教育体制

经济体制是国家组织管理经济的方式、方法和制度的总称，高等教育管理体制则是国家管理高等教育的方式、方法和制度的总称。高等教育的基本功能是为经济发展提供高级专门人才，这就需要根据经济的要求制定高等教育目标、确定高等教育内容、改善高等教育管理方式。所以，经济体制决定着高等教育体制。

（5）经济结构决定高等教育结构

经济结构是确立高等教育结构和结构内部调整的基本依据。经济结构包括产业结构、行业结构、技术结构、消费结构、分配结构和区域结构等，它们是处于流动状态的，经常会发生变化，高等教育结构也就不能僵化呆板。

经济结构直接制约着高等教育结构内部发展变化的趋势，制约着高等教育内部调整改革的方向。随着经济结构的变化而主动调整高等教育结构，会使高等教育处于蓬勃向上的态势。高等教育结构的合理化，可以成为经济发展的有利因素。

2. 高等教育促进经济发展的功能

英国古典经济学家亚当·斯密（Adam Smith）是系统论述教育的经济功能的经济学者。他在其著作《国民财富的性质和原因的研究》一书中，系统论述了其教育经济思想：当代经济发展已由依靠物质、资金的物力增长模式转变为依靠人力和知识资本增长的模式，高等教育在经济增长中的作用越来越显著。高等教育主要是通过培养高级专门人才来推动经济的发展，其推动作用主要表现在以下几个方面。

（1）高等教育促进经济增长

高等教育促进经济增长主要表现在两个方面：一是可以培养经济发展所需要的高级专门人才，更重要的是它提供了经济发展的良好背景，为经济持续发展提供良好的发展潜能。二是高等教育可以通过调整和更新教育内容的方式，用最新的科技成果武装高校毕业生的头脑，使之适应产业结构的更新换代。

20世纪60年代以来，以人力资本理论学派为代表，许多学者就教育与经济增长的关系展开了大量研究，尽管他们关注的因素、计量模型等不尽相同，但得出的结论却基本一致，即高等教育对经济增长的贡献是确定无疑的。

另外，现代社会经济的增长也证明了，人力资本是经济增长的关键。教育是形成人力资本的重要因素。

（2）高等教育通过生产和再生产科学技术，促进经济的发展

科学技术是教育的重要内容，教育对科学技术的作用，主要体现在两个方面：一是生产新的科学技术，二是再生产新的科学技术。科学技术的生产是直接创造新科学的过程，即科学研究过程；科学技术的再生产则是将科学技术生产的主要产品经过合理加工和编排，传授给更多的人，使他们能够充

分掌握前人创造的科学成果，为从事新的科学技术生产打下基础的过程。

高等学校通过创造和发明新的科学技术从而发挥生产和再生产科学技术的作用。开展科学研究，创造科技成果是现代高等学校的重要职能。

（3）高等教育能够产生一定的经济效益

高等教育对个人收益有很大的贡献，高等教育可以提高受教育者的科学文化技术水平，改善其劳动质量，从而提高受教育者的收入。同时，高等教育可以增加受教育者的无形收入，如通过改变其生活方式等来提高其生活质量。高等教育不仅对个人具有重要的投资价值，对于一个国家来说，教育同样具有极其重要的作用。例如，美国经济之所以强盛不衰，其主要动力是来自高水平的人力资源、发达的教育水平和先进的教育科技发展策略。

（4）高等教育本身就是一项巨大的产业

教育服务以其特有的独立性，呈现出直接产业性。经过 40 多年的改革开放，我国的综合经济实力有了很大的提高，越来越多的家庭特别是独生子女家庭舍得把钱用在改善生活、增进健康和子女的培养上，尤其是希望子女得到高层次的教育。乘着改革开放的东风，中国迎来了出国留学的大潮。留学人数逐年增加且呈低龄化趋势，中国悄然成为全球最大的留学生输出国之一。出国留学的主要吸引力是思维方式、教育资源和教育理念。从全国范围说，高等教育部门成为使国有资产保值增值、壮大国家财富最优秀和最有贡献的部门之一。而高等教育的扩大，又吸纳了大量的社会劳动力。所以，从这个意义上说，教育服务具有直接产业性。

（二）高等教育与文化

1. 文化与高等教育的共生关系

首先，从文化的内涵上看，文化蕴含着教育。"文化"一词，在中国古代教育史上出现得很早，它是由"人文化成"一词简化而来，基本上是指对人施以文治教化，把新生的本来不懂事理之人培养成为有教养的人的过程，带有动词性质的文化的含义，即我们今天所说的"文化"。作为一种结果或状态，它是与人的内在教养、德性、智性联系在一起的。

文化对高等教育的制约作用非常明显，一个国家的教育之所以区别于别国的教育，文化差异是一个很重要的原因。就教育内容而言，文化对教育的制约、支配作用尤为明显。教育离开了文化，就没有了传授的内容，也就失去了赖以存在的基础。文化既是教育的源泉、教育的结果，又是教育的过程。

2. 高等教育的文化功能

高等学校作为一种文化机构，并不是消极地接受文化的影响，而是通过具体的教育和研究活动来影响和反作用于文化。

（1）高等教育具有传递、保存文化的功能

高等教育传递着文化，它使人们能迅速、经济、高效地占有人类创造的精神文化财富的精华，迅速成长为能够摄取、鉴赏、创造文化的"文化人"；与此同时，高等教育将人类的精神文化财富内化为个体的精神财富。这样，人类的精神财富便找到了最安全且具有再生功能的"保险库"，教育也就具有了保存文化的功能。

（2）高等教育具有传播、丰富文化的功能

教育作为文化传播的重要手段和途径，同时具有丰富文化的功能。教育使人学会更好地进行交流，并从人与人的交流中获得益处。在文化交流与教育之间，存在着一种日益发展的相互补足的关系。

（3）高等教育具有选择、提升文化的功能

所谓高等教育对文化的选择，即为了适应时代发展的要求对社会文化的糟粕必须摒弃，精华则有待发扬。高等教育可以对"文化"进行筛选，将文化的精华作为教育的内容，提供适应社会发展需要的观念、态度与知识、技能，并通过一整套价值标准和评价手段进一步保证和强化这种选择的方向性。

（4）高等教育具有创造、更新文化的功能

高等教育是国际、国内学术交流的主要领域，通过相互交流，高等教育可以发挥其吸收、融合各种文化的作用。高等教育通过对外开放，在国际文化交流的过程中，选择、引进优秀的外来文化，并把其积极因素融合到自由

19

民族文化中，从而促进世界各民族优秀文化在高层次的相互撞击与启发，创造出更符合本国国情的新文化。

（三）高等教育与人口

高等教育与人口相互制约。人口作为整个社会发展的生态性条件之一，也是教育发展的生态性条件之一，而且还构成高等教育潜在对象的总体。因此，社会现存的人口状况与人口发展的趋势，对高等教育事业发展的规模、结构、速度、形式，以及目标、内容都有一定的制约作用。在当今人口已成为一个世界性问题而教育又基本普及且趋于终身化的情况下，研究教育和办教育都不能忽视人口这一社会条件。否则，就会出现教育不适应社会人口实际需求的现象，这不利于社会的发展，也不利于教育的发展。

1. 人口对高等教育的制约作用

（1）人口结构对高等教育的影响

第一，人口的快速增长抵消了教育的总量投入。

在人口过度膨胀的情况下，如果不断增加的高等教育经费跟不上人口增长的速度，则高等教育经费的增长反而会变成人均教育经费的减少。高等教育的经济基础没有充分的保障，就会产生连锁反应。首先是教育基本建设投资严重不足，进展缓慢；其次是教师数量严重不足，质量难以提高，培训费用缺口加大，脱产培训机会大大减少；再次是教师的待遇难以迅速提高，极大地影响了教师的工作积极性。

第二，人口的脉动式增长，使教育不能保持相对稳定的发展规模。

以我国为例，中华人民共和国成立以来，我国的人口出现了三次高峰、两次低谷。这样的大起大落必然会导致小学及由此所产生的中学规模的剧烈变动。其结果是：高峰时校舍不足，仪器设备不够用，师资力量紧缺，使教学质量受到影响；低谷时校舍、设备、师资过剩，浪费严重，同时导致过剩的师资难以安置。

第三，人口构成对高等教育产生影响。

当前我国人口发展面临着两种困境：第一，年龄构成年轻化、育龄妇女比重大所导致的大量未成年和成年人口的威胁；第二，老年人口比重上升快所导致的迅速增长的老年人口的威胁。这意味着首先是蜂拥而至的未成年人口使不同阶段的教育系统难以应付。其次是不同阶段的"瓶颈现象"导致入学竞争，尤其导致了高中和大学的入学竞争。从人口生产的角度来看，这是"片面追求升学率"的重要原因。

第四，人口分布不均衡，加剧了教育发展的不平稳。

我国东部地区人口多、密度大，为教育的发展创造了客观条件。比如人口密度高的地方，学校的布点相应也多，发展教育所需的相互学习和协作的条件，以及相互竞争、共求发展的氛围就比较优越。在我国西部地区，人口稀少，学校布点相应减少，因此不利于高层次人才的培养和这些地区经济的发展。

人口的城镇化趋势给城镇教育带来了诸多困难。人口的日益城镇化，使城镇人口密度加大、教育设施紧张的矛盾更加突出。另外，从农村进入城市的青少年会由于城乡文化的巨大差异而产生心理上的不适应。

（2）人口质量结构对高等教育的影响

人口质量主要是指人口的身体素质和人口的文化素质。影响人口质量的因素有先天的遗传因素，也有后天的培养教育因素。衡量人口身体素质的指标主要是三个方面：人口的寿命、人口死亡率、人口发病率。

首先，人口身体素质的全面提高巩固了高等教育的物质基础。

作为教育对象的人的身体素质情况，直接关系到对教育的可接受程度和可承受能力。在现代社会中，对成年人来说，为了适应社会发展的要求，必须不断接受教育，更新知识。因此，没有良好的身体素质是很难应付这一切的。对青少年来说，面对新科技革命条件下知识量的迅速增加、知识难度的提高，要想掌握大量的信息，必须勤于学习，这也需要良好的身体素质作为保证。

其次，人口文化素质较低会对高等教育的发展产生消极影响。

人口文化素质低会影响人们对高等教育地位与作用的认识。由于人口文化素质不高，许多人认识不到受教育对自身全面发展的价值，不愿意接受教育。人口文化素质直接影响了高等教育的质量。

教育事业的发展，既是提高人口素质的基本途径，又是控制人口过快增长的重要手段。人口受教育的程度与生育率呈负相关。随着人们受教育程度的普遍提高，生育率有下降的倾向。教育事业的发展，会加大人口迁移的数量，拉长迁移的距离，有利于人口的合理分布。教育事业的发展，在调整人口行业和职业结构过程中起着重要作用，可以大大增强人们对职业的选择性和就业的适应性。

2. 高等教育的人口功能

高等教育对人口的影响是深远的、多方面的，后果是积极的、有益的。增加教育投资，提高教育质量，是人类社会文明和进步的表现，也是历史发展的必然。

（1）高等教育是提高人口质量的基本手段

高等教育除具有控制人口数量的社会功能外，同时也具有提高人口质量的作用。与控制人口数量的功能相比，高等教育在提高人口质量上的作用更为直接和突出，我们从人口质量的定义中就能体会到。

教育在提高人口质量方面的功能首先表现为对青年一代的培养。儿童时期、青年时期是人口质量的奠基时期，因此必须尽最大努力抓好和提高普通教育的质量，培养出德、智、体、美、劳全面发展的一代新人。这代新人的培养不仅能提高当代人口质量，而且会连续影响今后各代人口质量。可以这样说，哪个年代我国的教育不但普及而且质量普遍提高，哪个年代就是我国人口质量向高水平转化的关键年代。教育对提高人口质量的重要性在此表现得最为充分，它不仅会产生眼前效应，而且会产生深远影响。因此，目前对于我国来说，抓好基础教育，尤其是抓好农村的基础教育，是提高中华民族素质的根本保证。

教育提高人口质量的作用还表现在对成年人的教育上。对成年人的教育的目的不仅在于使他们自身获得提高，掌握新的知识与技能，以适应社会发展的需求（这也是教育承担的直接提高当代人口质量的任务），而且还要使他们提高对优生、优育的认识，获得相关的知识和能力，以便为自己的后代创造更好的发展条件。

（2）教育是使人口结构趋向合理化的手段之一

首先，高等教育可以改变人口的文化结构和职业结构，使其适应社会发展的需要。

其次，高等教育可以促进人口地域分布向合理的方向流动。高等教育事业的发展不仅有利于提高移动人口的文化技术水平，使新兴城镇的发展走上科学、文明的道路，而且能够为迁入人口的下一代的健康成长创造条件，有利于人口的稳定与发展。

二、高等学校的职能

高等学校具有培养人才、发展科学、服务社会三大基本职能。

（一）高等教育三大社会职能的演进

英国高等教育史学家哈罗德·珀金（Harold Perkin）曾说过："一个人如果不理解过去不同时代和地点存在的大学理念，他就不能真正理解现代大学。"因此，我们对高等教育职能主体地位的研究也必须从大学产生之初的理念研究开始。

1. 中世纪大学的职能

真正意义上的建立在中等教育基础上的大学产生于中世纪后期的欧洲，如萨拉尔诺大学、波隆那大学、巴黎大学、牛津大学、剑桥大学等。中世纪大学强调探索普遍的学问，并把普遍的学问传授给普通的人，这种理念成为当时大学之"大"的基础。中世纪大学是教师和学生探究高深学问的场所，以专业教育为目标，并将教育活动建立在探究学问和智力活动基础上，从而形成大学专业教育的传统。中世纪大学对外强调大学自治，对内强调学习自由、言论自由，为今后大学的学术自治、学术自由理念奠定了基础。这些理念也是我们今天应继续坚持的大学理念。

2. 19世纪大学职能的转变

研究作为大学的一种职能，是从19世纪初由卡尔·威廉·冯·洪堡（Karl Wilhelm von Humboldt，以下简称"洪堡"）组建的柏林大学开始的。洪堡认为：

首先，大学是学者的社团，它包括探究高深学问的教师和学生；其次，大学是高等学术机构，是带有研究性质的学校，是学术机构的顶峰；最后，大学是受国家保护但又享有完全自治地位的学术机构。洪堡对大学的单一教学职能提出了异议。他认为，如果规定大学的任务仅仅是教学和传播科学，而科学院的任务是发展科学，这对大学显然是不公平的。如果对科学没有持续不断、独立的认识，则根本不可能真正地把科学作为科学来教授。因此，只要安排得当，大学肯定能够肩负起发展科学的任务。柏林大学的创建标志着研究型大学的产生。

洪堡认为，科学研究职能是大学的根本价值所在，大学立身的根本原则是在最广泛的意义上培植科学，并使之服务于全民族的精神和道德教育。这里的科学指"纯科学"，道德教育指培养人才的职能和教学职能。

在大学中，关于发展科学和人才培养的关系，洪堡认为是统一的，统一的方法即"用科学进行培养"。他认为大学应培养有修养、有理智的"完人"。实现该目标的途径是教学和科研相统一，大学重视普通教育，大学要为培养完人提供适宜的环境，同时学生的自我教育是培养完人的重要途径。洪堡的大学理念在大学发展史上引起了革命性的变革，将发展科学作为大学的重要职能，使中世纪以来大学的职能首次得到了拓展，促进了大学从教学型大学向研究型大学的转变。

3. 20 世纪美国大学服务社会职能的发展

服务社会职能产生的背景是 1862 年美国《莫里尔法案》的颁布，引发了美国大学的赠地运动，这场运动引导了美国大学走上与社会结合、为社会经济发展服务的道路。到 1922 年，美国共新建和改建了 69 所赠地学院，这其中具有典型意义的是康奈尔大学的建立和"威斯康星观念"的提出。

康奈尔大学是赠地学院运动中诞生的一所著名大学，其办学思想是大学向所有人开放，向所有学科领域开放。为体现这一思想，康奈尔大学提出了"适用于所有目标"的课程计划，设置了从旅馆管理到数理逻辑等 12 500 多门课程。康奈尔大学还提出在大学中没有等级制度，课程向所有学生开放，优秀的学生可获得奖学金资助并进一步深造，各种学科和课程一律平等，具有同样的地位和威望。

威斯康星大学是另一所在美国高等教育发展史上占有重要地位的赠地学院，它以"威斯康星观念"而著称。威斯康星大学校长范·海斯（Van Hise，以下简称"海斯"）认为，教学、科研和服务都是大学的主要职能。更为重要的是，作为一所州立大学，它必须考虑每一项社会职能的实际价值，换句话说，它的教学、科研和服务都应考虑本州的实际需要。

美国当代负有盛名的高等教育思想家克拉克·科尔（Clark Kerr，以下简称"科尔"）提出了"多元化巨型大学"的概念，认为大学的功能是一个错综复杂的网络，包括生产性职能、消费性职能和公民职能。他认为：大学的职能是动态、发展的，而不是不变的；大学的职能是复杂多样的，彼此之间可能是矛盾的，有些职能彼此结合得好一些，有些职能结合得差一些。所以大学要想实现自己的总体目标，必须维持这些职能的理性平衡。多元化社会中的多元化大学组成了一个多元化的系统，大学的目标是不同的，因此并不存在统一的职能模式，每一所大学的职能模式都可能与其他大学不同。科尔认为，虽然人才培养是大学的基本职能，但由于大学的职能越来越多样化，大学的人才培养已由原来的中心地位降了下来，"教学越来越不是中心了，研究则越来越重要"。科尔的多元化巨型大学适应了多元化社会的多元化需求，对加强大学的普通教育，加强对学生基本技能的训练，严格学术标准具有一定的积极意义。

（二）现代高等学校的职能体系

高等学校的职能体系是关于高等学校有哪些职能或高等学校职能的构成问题。

1. 培养专门人才是现代高等学校的根本使命

培养专门人才是高等学校自产生之日起就有的职能。无论高等学校如何发展，培养人才这一职能永远不会消失。培养人才是高等学校的根本使命，也是高校工作的根本出发点和中心。但高等学校培养人才职能的内涵是不断发展变化的。在不同时期、不同国家，高等学校所培养的专门人才从目标、规格到内容、质量都不尽相同。例如：英国大学以文化为中心，把学术视为学生自我发展的手段，办学的主要目的是培养绅士和贵族；德国大学的重点在于学术，德国大学把学术发展看作自身的目的，因此，其主要培养的是从事学术研究的学者；美国大学的重点在于为社会服务，因此它把学术看作服务的工具，其主要培养的是能为社会服务的人才。

在现代社会，科学技术渗透了社会生活的各个领域，高等学校便承担起了为社会各行各业培养专门人才的重任。就规格而言，现代高等学校培养着从专科、本科直至硕士、博士研究生的各层次专门人才。就类型而言，一方面，由于学科间的不断分化，社会分工越来越细，专业门类逐渐增多，高等学校培养着适应这些变化的各类专业人才；另一方面，在科学发展的综合化趋势面前，高等学校必须考虑不再培养株守一隅的狭隘的专家，要为学生提供广泛的基础教育或普通教育，培养适用性强的"宽专业"人才。

2. 发展科学是现代高等学校的重要职能

发展科学职能主要体现在高等学校的科学研究活动中。高等学校开展科学研究活动，既是培养人才不可缺少的途径，也是科技、经济发展的客观要求。

科学研究活动作为培养人才的重要途径，在人才的培养中发挥着越来越重要的作用。首先，科学研究有助于提高教学质量，是教学内容不断更新的重要源泉。其次，科学研究有助于提高教师的水平。最后，科学研究有利于发展学生的智力，培养学生的能力。

3. 服务社会是当代高等学校职能的延伸

首先，高等学校直接为社会服务是社会的客观需要。高等学校作为社会文化科学的中心，在社会文化、科学技术等领域居于领先地位，能够也应该担负起对社会各方面工作的指导和咨询任务，帮助社会解决在发展过程中遇到的种种理论和实际问题。

其次，高等学校直接服务社会也是高等学校自身发展的需要。广泛的社会服务，有助于高校充分了解社会对人才和科技的需求情况，以便针对社会需求培养人才和确定科研方向；有助于促进高校理论联系实际，丰富和充实教学内容，提高教学水平和质量；还有助于加速科技成果向产品、商品的转化，获得更大的社会效益和经济效益，促进高等学校更好地发展。

以美国为例，20世纪初，服务社会职能还仅仅是美国州立大学的一个办学特色。后来人们认识到高等学校在国家科学事业发展、经济增长与社会发展中的作用，认为高等学校除了培养人才与发展科学，还应该发挥其优势，直接服务社会，尤其是在社会经济、文化生活中应发挥积极的作用。于是，服务社会逐渐成为各国高等学校的主要职能。

1996年，国际21世纪教育委员会向联合国教科文组织提交的《教育——财富蕴藏其中》的报告中就已明确提出："大学聚集了与知识的发展和传播相结合的所有传统职能：研究，革新，教学和培训，以及继续教育。"最近几年变得越来越重要的另一项职能即国际合作，亦增加到这职能之中。大学被赋予四种社会职能：①培养学生从事研究和教学工作。②提供适合于经济生活和社会生活需要的高度专业化的培训。③向全民开放，以满足最广义的终身教育各个方面的需要。④国际合作。

三、高等教育的基本价值观

（一）高等教育的价值观：个人本位价值观与社会本位价值观

价值观是价值在主体观念上的反映。不同时代、不同角度、不同主体对价值有着不同的反应，因此产生出不同的价值观。高等教育价值观是指高等教育的价值在人们的观念或意识中的反映，是人们对高等教育价值功能的系统认识和基本看法，也是高等教育客观属性和主体需要之间的价值关系在主体观念上的反映。人们在对高等教育价值观的认识与评价中，主要还是关注个人、知识、社会之间的三角关系，在这三角关系上发生着不断的、持久的争论。以高等教育的价值主要在于个人还是在于知识或在于社会为分界，形成了个人本位的高等教育价值观、社会本位的高等教育价值观。

个人本位的高等教育价值观的实质是主张高等教育的基本价值或主要价值在于促进个人的发展，使之达到个性的完善。个人本位的高等教育价值观是高等教育价值观中产生最早、至今仍很有影响的基本价值观。个人本位的高等教育价值观的重要观点是：高等教育的价值在于促进个人理智的发展，大学的职能在于知识传递而非知识创新，主张实施自由教育、人文教育和普通教育。

社会本位的高等教育价值观的实质是主张高等教育的重要价值在于为社会培养各种专门人才，促进国家政治经济和社会发展。随着高等教育在社会的政治、经济、科学技术等各个领域发挥着越来越多的作用，人们对高等教育在国家发展中的地位认识不断改变，社会本位的高等教育价值观逐渐取代个人本位的高等教育价值观，在高等教育实践中发挥着主要的影响乃至支配作用。社会本位的高等教育价值观的主要观点：高等教育的价值首先在于促进国家和社会的发展，高等教育的首要目标是培养公民、造就人才。

任何高等教育组织、教育者和受教育者在特定的历史条件和社会背景中，只有以科学的高等教育价值观为指导，才能取得最佳的教育成效。

（二）高等教育价值观与大学理念的演变

大学理念是大学发展中的一个永恒话题。诸多大学理念的不断形成、确立、碰撞和互补，引发了现代大学教育制度、政策和模式的重大转变。21世纪是以知识为轴心快速发展的时代，现代大学要根据时代的发展确立新的价值取向，不断完善和发展大学理念。

1. 高等教育价值观是大学理念的"内核"

无论是从个人、知识、社会视角还是从认识论、政治论的视角来考察大学的发展，都可以说明大学发展的历程与大学理念的形成和发展是一致的：从古希腊、罗马时期的自由教育到近代大学的大学自治、学术自由的经典大学理念，再到现代大学的"威斯康星观念"、可持续发展教育思想、教育创新思想，大学经历了从古代大学到现代大学的发展历程，形成了一个系统的大学理念体系，而高等教育价值观在大学理念中始终处于核心地位。高等教育价值观主导着大学理念的发展，大学理念的演变又体现了在不同社会文化、政治、经济环境下高等教育价值取向的变化。

2. 大学理念及其价值取向考察

大学理念是随着大学的产生而形成，并随着大学的发展而成熟的。在大学理念形成的过程中，高等教育价值观就一直作为大学理念的核心，自觉或不自觉地影响着有关大学的理论和实践。

中世纪的大学理念突出地表现在对知识发展和对无功利学术目的的追求上，这是由整个中世纪的文化传统决定的。因此，在中世纪，大学理念所包含的价值观是一种知识本位的价值观。欧洲文艺复兴时期，一批人文主义者提出了新的高等教育理念，确立了培养具有开拓精神的社会、政治、文化和商业等领域的资产阶级活动家的教育目标，推行了反映科学成果、体现人文主义精神的教育内容，采取具有直观性和启发性的教学方法。这些都反映了以个人本位的高等教育价值观为主导、社会本位的高等教育价值观逐渐兴起的高等教育价值观。

在不同的发展阶段，大学历年的表达形式和内容有所区别，也可以说是逐步演进或发展的。洪堡和约翰·亨利·纽曼（John Henry Newman，以下简称"纽曼"）对经典大学理念的形成做出了巨大贡献，其思想成为经典大学理念的主体。洪堡大学理念的着眼点是科学，核心内容为三大原则：第一，独立、自由、合作相统一的原则；第二，教学与研究相统一的原则；第三，科学统一的原则。基于此，洪堡确立了"大学自治""教授治校""学术自由"和"教学与科学研究相统一"的理念。这一大学理念对以后的大学发展产生了深远影响，形成了大学研究发展科学的第二大职能。洪堡崇尚纯理论的基础研究，特别是哲学思维的训练，知识本位的教育价值观在洪堡的大学理念中占主导地位。纽曼对大学理念进行系统论述，著有《大学的理念》，他认为：第一，大学的教育目的是培养人的理智，自然科学由于其知识的狭隘和专门性，难以适应这种需要。而古典人文学科却具有较强的人文价值，有利于理智的培养。第二，知识本身就是教育的全部目的，尽管古典人文学科不能给学生以功利价值和实用价值，但它能使人得到一种"自由教育"，是一种精神的教育。

可见，纽曼和洪堡都基于不同的知识观来阐述大学的目的、任务和追求，都认为大学不应该为某种实用目的而设，其任务是促进人的精神的发展。这凸显出古典大学理念中知识价值的取向。

1862 年，美国颁布《莫里尔法案》后，开设了大量的赠地学院。这一时期的大学理念以康奈尔大学校长安德鲁·迪克森·怀特（Andrew Dickson White）提出的"通用课程"和威斯康星大学校长海斯提出的"威斯康星观念"最为著名。前者的信条是"让任何人获得任何学科的教育"，体现了高等教育价值的人文性；后者认为"大学要忠实地为社会需要服务"，创立了大学直接为社会服务的第三职能，使高等教育价值的社会性得到了张扬。

就大学理念及其价值观而言，高等教育的个人本位价值取向、社会本位价值取向和知识本位价值取向始终处于一种此消彼长、相互交织的状态。对大学理念和高等教育价值观要采用辩证的方法来考察，既需要确认其存在的合理性也要有批判和反思的精神，以利于反观其局限性，从而更好地协调个人、知识、社会发展三者之间的关系，使高等教育能够健康向前发展。

第二章　高等教育原理

第一节　高等教育的功能

高等教育的功能反映了高等教育与个人、社会之间的特定关系。个人、社会需要的多样性和复杂性与高等教育本身的发展和属性的变化，使得高等教育具有多方面功能。从人的角度看，人是一定社会中的人，人的本质是社会诸关系的总和；人的发展，要在社会的发展中实现；人的价值，只能体现于社会价值之中。人不能超越社会，离开了社会价值不存在抽象的人的价值。从社会的角度看，社会是人按照一定模式或系统组成的集合体。社会的发展归根到底，决定于人的个体与群体素质的提高；社会发展的最终目的是最大限度地满足人们日益增长的对美好生活的需要。作为人与社会的教育，它的基本功能在于根据社会的需要促进人的发展，通过培养人来促进社会的发展。因此，促进人的发展与促进社会的发展，是教育的两个不可分割的基本功能。

一、教育功能的概念辨析

"功能"一词，按照《辞海》的解释，含义有二：①事功和能力；②功效和作用，多指器官和机件而言。在自然辩证法中，"功能"通常与"结构"一词相对，指物质系统所具有的作用、能力和功效等。《现代汉语词典》中对"功能"的解释为"事物或方法所发挥的有利的作用；效能"。可见，"功能"是指"物质系统所具有的作用、能力和功效"，指有特定结构的事物或系统在内部和外部的联系和关系中表现出来的特性和能力。在中国人的日常用语中，"功能"常常是"作用"的同义词，但作用有积极和消极之分，它是根据作用所产生的结果来判断的。"功能"则是事物或方法内含的、可能实现的有效作用。因此，从严格意义上来说，"作用"与"功能"就是有了区别的。

职能与功能是两个意义十分相近的概念，在辞书中的解释没有太大的差别，有时甚至可以相互替代使用。例如，《现代汉语词典》中对"功能"的解释是"事物或方法所发挥的有利的作用；效能"，对"职能"的解释则是"人、事物、机构应有的作用；功能"。可见，功能和职能两者意思有相近之处。

但仔细分析，二者还是有一些不同。功能和职能的联系在于，功能是一个系统或结构本身所具有的能力，它相对而言是客观的，职能是建立在人们对事物功能认识的基础上所赋予事物的能力，可以说是人们对事物发挥作用的一种美好的理想。一般而言，事物有什么样的功能就可以转化为相应的职能。它们的区别在于，功能和职能不是一一对应的，功能不一定可以转化为职能，而职能也不一定是建立在功能的基础之上的。或者用通俗的语言概括，职能即应为的能力，功能是实为的能力。职能含有人的目的和期待等主观意味（但不是纯主观的）；功能是事物本身实际具有的能力决定的，不是由外部赋予的，因而是客观性的。

从概念的内涵上说，功能和职能虽然有相同之处，都指事物的作用，但两者还存在着应用范围的区别。功能通常指具有一定结构的系统所具有的作用，它不是人们主观臆想或外部力量强加的，也不是事物内部潜在的或者"应该是什么"的问题，它是事物通过自己特有的活动而实际起到的作用。这种作用既包括一个系统对另一个系统的作用，也包括某个系统中部分对整体的作用。而职能则指某一机构的职责和能力。因此，如果把事物看作一个系统，在谈其作用时往往使用"功能"一词，而当谈到某一机构的作用时，则大多使用"职能"一词。对于教育和相应的学校而言，前者是社会的子系统，其作用应为教育的功能；后者是实施教育的机构，其作用应为学校的职能。

高等教育的功能就是高等教育所具有的功效及能够发挥这种功效的能力的总称。简言之，就是高等教育对人类社会发展和人的发展所能够起到的作用。当然，教育的功能是多方面的。从作用的对象看，教育功能可分为个体功能和社会功能；从作用的方向看，教育功能可分为正向功能和负向功能；从作用的呈现形式看，教育功能可分为显性功能和隐性功能。甚至还可以据此进行多维度的复合分类。

二、高等教育的基本功能

众所周知，教育最基本的功能不外乎两个方面 —— 教育的个体发展功能和教育的社会发展功能，即教育促进人的发展和教育促进社会的发展。高等教育作为教育的一个子系统，也具有促进人的发展和促进社会发展这两项基本功能。

（一）高等教育的个体功能：促进人的发展

高等教育的个体功能是高等教育对个人所起的作用，也就是高等教育要促进个人的身心发展。孔子曰："君子不可以不学。"高等教育正是在对每一个人施加影响，满足每一个人的求知欲望，帮助每一个人实现目标的过程中和基础上，体现着其功能和价值。在高等教育的功能体系中，个体功能是其最基础的功能。

1. 促进个人掌握知识和发展能力

教育的基本功能是传授知识、发展能力。在高等教育促进人的发展的过程中，传授知识、发展能力是其最基本的价值。接受高等教育意味着个人知识量的增长和知识结构的完善。在大学环境里和教师的指点下，学生能够以较少的时间获得人类长期积累的大量知识，这是非高等教育环境里的人在等量时间里难以企及的。而且高等教育能使人的知识结构更完善，与中等教育、初等教育相比，高等教育传授的知识更高深、系统和深刻。另外，高等教育更注重专业知识的教学，因此它使受教育者个体的知识结构更为完善。同时，高等教育还促进个人智力的迅速发展和能力的不断提高。因为知识与能力是紧密联系在一起的。而且经过高等教育阶段的学习，个人会形成符合自己特点的学习方法，具有较强的学习能力，终身受用。特别是在大学阶段还能培养个人的研究能力，这是普通教育所没有的条件和环境。同时，通过高校的专业教育实践，个人可实现由学校学习到社会实践的转换，提高个人实践能力，为跨出校门、走上社会奠定在实践领域有所创造的能力基础。

2. 提升个人精神境界，养成良好心理品质

大学一直被赋予崇高的社会地位，是一片净土。提高个人文明素养始终是高等教育功能体系的重要组成部分。在培养大学生文明素质过程中发挥很大作用的不仅是大学中设置的课程与安排的一些活动，还有大学的精神氛围和独特的校园文化等潜在因素。大学的精神氛围和校园文化与社会上其他一些机构的精神氛围相比，更具有求真、创造、文明程度高的特点，这些潜移默化的影响对人的一生都是丰富深刻和持续绵长的。高等教育阶段正是人的世界观、人生观、价值观等形成的关键时期，高等学校能按照学生身心发展的规律和社会的要求培养学生强烈的事业心和责任感、正确的荣辱感和爱憎感，以及坚强不屈的意志，能激发学生正确的学习动机和创造的欲望，使其养成自尊、自信、诚实、勇敢、俭朴、宽厚、仁慈等良好的个性心理品质，提升个人的精神境界。

3. 促进个人社会地位的改变

人由于在社会中所处的阶层、职业等不同，而有着不同的社会地位。人的社会地位受多种因素的影响，在古代社会，人们的社会地位往往是世袭的。在现代社会，受教育水平则是人们改变社会地位的一个重要途径，特别是高等教育，它是人们改变社会地位的一个重要手段，甚至是影响代际流动的唯一路径。高等教育可以使人脱离父辈所从事的职业与地位，从而能够有较多机会进入从事脑力劳动的职业阶层。这对于那些父辈从事体力劳动的个人来说，社会地位无疑发生了改变，而且这是一种向上的变动。另外，继续教育、职业培训、终身教育等的发展，能使个人本身所从事的职业前后发生改变，从而提升其地位，并引起其名誉声望、收入水平、权力界限和特定生活方式的重大改变。

（二）高等教育的社会功能：促进社会的发展

高等教育的社会功能是高等教育对社会所起的作用，也就是高等教育要

促进社会的发展。高等教育作为社会的一种活动领域，它对社会所起的作用是自始至终存在的，高等教育通过其特定的活动来促进社会的经济、文化等方面的进步和发展，从而对社会起到巨大的推动作用。

1. 高等教育的经济功能

长期以来，人们一直把接受教育看作一种消费行为，认为教育是一种非生产性投资，是福利事业，教育投资占用的是国民收入再分配中的消费基金，它不像物质生产部门那样能即时带来实质性的物质利益和直接的经济收益。20世纪60年代，以美国经济学家西奥多·威廉·舒尔茨（Theodore William Schultz）为代表创立的人力资本理论认为，人力资本是具有经济价值的一种资本，在现代经济增长中，人力资本投资作用大于物力资本投资作用，而教育投资是人力资本的核心。教育不是纯消费性事业，教育劳动是生产性劳动，教育投资是重要的生产性投资。在我国经济发展正由依靠追加物力、资金投入的粗放式增长模式转变为依靠提高人力和科技水平的内涵式增长模式的过程中，人力资本投资已成为不可或缺的因素，教育在经济增长中的作用越来越显著。概括来说，高等教育的经济功能主要表现在三个方面。

（1）高等教育培养的高级人才是经济增长的永恒动力

根据保罗·罗默（Paul Romer）、罗伯特·卢卡斯（Robert Lucas）等人提出的"新增长理论"，"知识和技术是经济增长的内生变量，通过教育和培训获得的特殊知识和专业化的人力资本是经济增长的主要因素，它们不仅能形成递增的收益，而且能够使其他要素也产生递增的收益，从而整个经济的规模收益递增，递增的收益保证着长期的经济增长"。这一经济增长模型说明，拥有大量人力资本的国家会取得较快的经济增长速度。高等教育通过各种形式传授知识，让受教育者的身体、心理、智力、技能得以全面发展，成为具有一定劳动能力和文化素养的劳动者，从而提升整个民族的思想道德水平和科学文化素质。不同类型、不同层次的高等教育为社会培养不同层次的各类人才，为社会经济发展源源不断地输送高级劳动力，提供智力支持，能够促进经济发展，实现经济增长。

（2）高等教育可大幅提高劳动生产率

教育是先进生产力的源泉，高等教育能开发、提高受教育者的劳动技能，提高个体的劳动生产力。人力资本理论也认为，劳动者受教育程度越高，对提高劳动生产率的贡献也就越大。随着科技的发展，生产率的提高越来越依赖劳动者的劳动能力，对劳动者的受教育程度要求越来越高，高等教育的作用将更加重要。同时，高等教育的快速发展也拉动了关联产业的投资和消费，带动了相关产业的发展，提高了社会经济收益率。

（3）高等教育以科学研究服务社会经济发展

现代科技的迅猛发展极大地促进了经济的发展，并促进社会各领域和各层面的深刻变化。近代社会以来，科技的飞速发展及市场经济体制的建立，推动了高等教育逐步从"象牙塔"中走出来，并不断与世俗社会产生密切关联。社会生产方式的变革及其对高层次人才需求的日益扩大使高等教育逐渐从社会的边缘走向中心。特别是随着知识经济时代的到来，经济社会发展对高层次人才的依赖达到了前所未有的高度。现今，科研创新是高等教育的重要责任，高校有良好的科研优势，以科技研发为纽带，可以为社会部门提供科研服务，因此大学已成为国家科学研究的重要方面军和主力军。同时，高等教育在传递科学技术过程中提高了受教育者的科技水平和素养，赋予他们将科技转化为现实生产力的才能，有助于实现突破创新，形成新理论、新技术、新成果，持续推动科技进步和促进经济社会发展。

2. 高等教育的文化功能

（1）高等教育具有保存和传递文化的功能

教育从一开始就是人类文化传递和保存的重要途径，社会通过教育将前人所积累的生产生活经验、伦理道德规范、科学技术知识有计划地传递给下一代。正是由于这种教育活动，人类的文化才能够一代又一代地承接下来而不至于中断，高等教育是永恒的人类传递文明的主要手段和重要阶段。

（2）高等教育具有选择和整理文化的功能

在文化选择上，高等教育所起的作用特别重要，本来数千年人类文明史所积累的知识就已不可胜数，累世不能竟其业，而今又面临信息社会知识爆炸，如何使学生在有限的时间内学到人类的精华，文化选择就显得十分重要。高等教育由于学科门类众多，遍及文化的方方面面，能够进行广泛的选择。同时，高等教育是基于各级教育的最高层次，它的选择颇具权威性和影响力，其他层次教育的文化选择在一定意义上说是在高等教育文化选择的基础上进行的再选择，并能使那些最基本的文化知识更加简约和通俗易懂。值得注意的是，文化选择的过程实际上是文化评价的过程，评价标准不同，使文化选择的结果丰富多彩。

（3）高等教育具有创造和更新文化的功能

就教育领域来说，文化创造功能主要是由高等教育来承担的，基础教育一般只要求将评价选择的文化精华传递给学生，高等教育则通过科学研究和种种创造性的活动不断创新文化，这是由高等教育的特殊地位与有利条件所赋予的特殊的文化功能。也就是说，高等教育尤其是研究型大学，集中了大批学有专长的学者，加之科类齐全，信息灵通，中外文化交流频繁，设备条件优越，这些都有利于开展基础理论和边缘交叉学科的研究，同时高校与社会经济部门有直接联系，又有利于开展应用开发性研究。大学作为学术思想荟萃的园地和中外文化交流的窗口，为创造新文化提供了良好的条件，中外高等教育史证明，文化创造的火焰往往也是在高校校园中首先点燃的。

三、高等教育个体功能与社会功能之关系

人的发展与社会发展的一致性，决定了高等教育促进人的发展与促进社会发展两个基本功能在本质上是统一的。高等教育要促进社会的发展，就必须满足人的自身发展的需要，提高人的个体与群体的素质；高等教育要促进人的发展，就必须满足社会发展的需要，使社会能提供人的发展所需要的物质的和精神的教育资源。人的发展与社会发展互为目的、互为条件，高等教育的价值是促进人的发展与促进社会发展的价值的统一。因此，高等教育必须协调这两种基本功能，才能充分实现自身的价值。

第二节　高等教育基本规律

　　教育规律问题是教育基本理论的一个核心问题，整个教育学的任务其实就是研究和揭示教育的规律，并以此指导和推动教育实践的发展。关于"本质"，黑格尔曾有过经典的论述：首先，凡物都有一个本质，哲学的任务或目的则在于认识事物的本质。其次，事物的本质就是事物中有其永久性的东西，是"实存的根据"，即一事物作为该事物而现实地存在的根据，"根据即内在的本质，而本质实质上即根据"。最后，本质通过关系来揭示。"凡一切实存的事物都存在于关系中，而这种关系乃是每一实存的真正性质"，"关系就是自身联系与他物联系的统一"。因此，认识事物的本质，一方面要分析该事物的"他物联系"，即它与其他事物的联系及由此而获得的相应属性；另一方面要分析该事物的"自身联系"，即它从他物联系中所获得的各种属性之间的联系。可见，本质与规律，是同一层次的范畴。本质是指事物内在的必然联系，由事物内在矛盾所构成；规律是就事物的发展过程而言的，指事物在其发展过程中的本质关系或本质之间的关系。在教育的发展过程中，各种因素存在着本质的关系，揭示之，就是对教育规律的认识。

一、教育规律及其分类

　　教育规律是教育现象与其他社会现象及教育现象内部各要素之间本质的、必然的联系或关系。探求教育规律，离不开对教育现象和教育问题的研究，但不能只是对教育现象和教育问题进行表面描述，而要对多种教育现象进行分析和综合，把感性经验上升为理性认识，形成系统的理论，进而指导人们的教育实践。高等教育实践需要高等教育基本规律的指导，高等教育实践的跨越更需要高等教育对基本规律的理论认识的突破和质的飞跃，使人们对于高等教育这种现象能够具有较为抽象和更合乎规律的认识。

（一）教育规律的概念

我国学术界对教育规律问题曾进行了热烈而深入的讨论，首先对于"教育规律"的概念就提出了多种观点和定义。具有代表性的界定："教育规律就是教育现象中同一的东西，巩固的东西，或本质间的联系，发展中的必然。""教育规律是教育工作内部本质的、必然的、普遍的、相对稳定的联系，是搞好教育和发展教育的客观依据。""教育规律是规律的一种表现形式，它是教育现象内部诸方面的本质的、必然的联系。它同样具有客观性、必然性、稳定性、普遍性和抽象性。""教育规律包含了社会规律、自然规律和思维规律，它是这三方面规律的有机结合。""教育规律是教育这种社会活动在发展过程中与其他社会活动及自身各种活动、各种要素间的本质联系。""所谓教育规律，是指教育同人的发展之间，以及同社会发展之间的内在的、本质的、必然的联系。""教育规律就是教育系统内部各个事物或现象之间及教育系统与相邻系统之间本质联系的必然趋势。"薛天祥主编的《高等教育学》一书，对"高等教育基本规律"做了这样的定义："高等教育基本规律就是指高等教育这一社会现象在其发展过程中的本质联系和必然趋势。"

其实，要想全面准确地理解教育规律的概念，首先必须知道什么是规律。《辞海》解释说：规律，"亦称'法则'。事物发展过程中的本质联系和必然趋势，具有普遍性、重复性等特点。它是客观的，是事物本身所固有的，人们不能创造、改变和消灭规律，但能认识它，利用它来改造自然界，改造人类社会。科学的任务就是要从感性认识上升到理性认识，揭示客观规律，指导人们的实践活动"。从这个定义我们可以看出，规律的特性：①客观性，指规律是客观存在的，是事物本身所固有的属性，它并不以人的意志为转移，人们只能认识它、利用它，而不能创造它或消灭它。②普遍性，指规律是同类事物所具有的共同的属性，这种属性贯穿事物发展的各个阶段。③必然性，指规律是事物之间的必然的联系和趋势，它是反复起作用的，只要具备条件，事物的这种必然的联系和趋势也就必然会重复出现。

（二）教育规律

有人认为，关于教育规律的分类，我国学术界已经提出了8种观点。但事实并不止如此，综合国内学者的观点，当前对教育规律的分类主要有以下几种观点。

第1种观点，把教育与其他社会现象之间的关系称为"教育的外部关系"，把教育内部诸方面、诸部分的关系称为"教育的内部关系"，进而把教育规律分为"教育外部关系规律"和"教育内部关系规律"。

第2种观点，是按"规律就是关系"的说法，提出教育工作中有诸如教育与政治之间的关系等十大关系，认为这十大关系就是十大规律。

第3种观点，按规律作用的范围，把教育规律分为一般（普遍）规律和特殊（具体）规律。

第4种观点，认为教育的基本问题有教育与政治的关系、教育与国民经济的关系、教育与受教育者身心发展的关系、教与学及师与生的关系，并相应地提出教育的四条规律。

第5种观点，认为教育规律有四类：一是揭示教育本质的规律；二是揭示教育过程的规律；三是揭示教育所受的各种因素制约关系的规律；四是揭示教育过程中各种对立统一关系的规律。

第6种观点，"以教育规律的存在和作用的形式为分类标准"，第一级分类，可以把教育规律分为静态的自在形式的教育规律和动态的操作形式的教育规律两大类。

第7种观点，认为普通教育学探索的主要教育规律大致包括以下三个层次：第一个层次是探索普遍教育规律也叫基本规律，第二个层次是探索学校教育规律，第三个层次是探索学校内部的具体教育工作规律。

第8种观点，认为教育系统存在着教育生产力规律、教育关系规律、教育方式规律和再教育规律这四类本体规律。

第9种观点，运用系统方法认为可以在最宏观的层次上把教育规律划分为教育的结构规律、教育的功能规律和教育的发展规律三个子系统。

第 10 种观点，用"教育社会关系规律"和"教育自身关系规律"作为教育规律分类的总概念。或者说，教育规律有"社会关系规律"和"自身关系规律"两大方面。这两方面都有基本规律及其共有规律、特有规律，具体规律及其共有规律、特有规律几个层面，以及人类永恒性规律、时代性规律、阶级性规律三个层次。提出了一个"社会关系、自身关系分类法"纵横交错的教育规律立体体系。

第 11 种观点，从基本规律与特殊规律、内部规律与外部规律两个角度对教育规律的构成进行分析，提出了教育规律的宏观架构，即教育规律在宏观上由四部分构成，包括教育内部基本规律、教育外部基本规律，以及教育内部特殊规律、教育外部特殊规律。

总之，教育规律的分类可以概括为四大类：第一类为"教育规律非逻辑分类"，即径直提出 4 条或 10 条教育规律；第二类为"教育规律的逻辑分类"，从内部与外部、一般与特殊、动态与静态等范畴来分类；第三类是"教育规律的立体体系"，即从内部与外部、基本与具体两个角度来分类；第四类为"教育规律的分类学体系"，即分为一级、二级，依次逐级细分。教育规律的分类有如此之多的说法，到底如何确定，目前还是模糊不清。这表明，人们对宏观的教育规律的总体架构尚无明确的结论。至于高等教育学中到底应有哪些规律，每条规律的具体内涵怎样，一般都很难交代清楚。教育规律架构上的这种模糊不清、游移不定，反映出教育规律研究的复杂性与艰巨性。

二、关于教育基本规律的探讨

有人认为教育不存在普遍客观的规律，只有相对的规律。如著名比较教育学者英国伦敦大学教授埃德蒙·金（Edmund King）就否认有支配社会和教育行为的经济学和社会学的规律，他认为："社会科学（包括教育科学在内）的规律性，'只不过是符合一定时间空间的一般化和假说'而已。"持后现代主义观点的教育学者也认为教育中不存在普遍的规律，他们认为，"教学论的概念的含义一般都不可能是普遍的、自明的，企图以此概念为基础去追寻整个教学理论的普遍性显然是不现实的"。也有人把教育现象看作历史性、价值性与精神性的现象和一种复杂的现象，认为从本质上说教育是一种价值选择、价值追求的活动。但无论人们在理论上是否承认教育规律的存在，教育规律都是客观存在的。规律不是由因果性规定的，而是由稳定性规定的。但由于稳定性不同，社会规律与自然规律不同；由于条件不同，规律往往会有完全不同的表现，规律不是永恒的、固定的、不变的。可以说，教育中的规律不同于自然世界中的规律。所以我们说，规律是事物发展中一定条件下稳定的联系，其中，稳定的联系是指事物发展的规律是在一定条件下、一定范围内、一定历史时期内的联系，它不是一成不变的，随着条件、范围、时间的变化，规律也会随之变化。也就是说，我们对教育规律还要重新定位和进一步深入探讨。

教育规律是教育研究中一个常议常新的话题，其原因有二：其一，从理论研究的角度而言，无论是回答"教育理论能否指导教育实践"还是回答"教育学能否成为一门科学学科"的问题，都绕不过教育规律这道"门槛"，因为教育研究承担的任务之一就是探寻和揭示教育规律，为教育理论奠定基础。其二，从教育实践的角度而言，"按教育规律办事"是人们公认的准则。因此，在建构或评价某个教育理论，在总结教育经验、反思教育活动的成败得失时，都会涉及对教育规律的认识和讨论。

我国对教育基本规律进行了较系统研究的比较有代表性的学者是洪宝书，他出版了最早的一本有关教育规律的个人专著——《教育本质与规律》。他认为，规律必须具有客观性、必然性和普遍性，并据此提出四条教育的基本规律：①教育形态与社会生产方式相适应的规律；②教育进程与个体身心发展状态相适应的规律；③认知系统与动力系统协调发展的规律；④信息存储总量决定个体发展程度的规律。其实，在分类的基础上，关于教育规律内容的表述非常多。但不可否认的一点就是，谈到"教育规律"，人们基本上首先都认可教育的两大基本规律：教育与社会发展相互制约；教育与人的发展相互制约。"教育与社会发展相互制约和教育与人的发展相互制约这两条规律，大家比较公认而且论述颇多"。的确，关于教育基本规律的观点，这两条是最基本的，表述上也比较简单明了，易记、易学、易懂、易执行。具体而言，教育与社会发展相互制约的规律，表现为教育与社会生产力相互制约、教育与社会政治经济相互制约。而教育与人的发展相互制约的规律，首先强调遗传、环境和教育对人的身心发展的作用，批判了遗传决定论、成熟决定论、环境决定论和教育万能论，进而指出人的发展也对教育具有制约作用。

那么，高等教育的基本规律究竟是什么？其中，对于潘懋元先生提出的"教育外部关系规律"和"教育内部关系规律"的争论和探讨长期持续，经久不衰，几乎占据了核心地位，并引起了绝大部分教育规律研究者的热情。拥护者认为，虽然整个教育学（教学科学）是研究教育现象、揭示教育规律的，但以往的教育学并没有明确地提出和表述过教育有哪些规律，包括教育的基本规律。当然，没表述并不意味着没有研究，只是当时还没有明确的说法。所以，"教育内外部规律说"的提出，可以说是对教育规律第一次明确的表述和概括。有人认为，潘懋元先生提出的"教育内部关系规律""教育外部关系规律"的观点，是迄今为止"对教育规律宏观体系最深刻、最全面，因而也是最好的概括之一"。

异议者认为，教育与社会诸现象间的本质的联系是教育这一事物内部固有的、稳定的、深刻的联系，不能说是外部联系、外部规律。此外，"外部""内部"的说法，易使人误解为教育是有别于社会的一个领域。教育与社会政治、经济等诸要素的规律性联系，通过教育目的而体现出来，所以不是什么"教育外部关系规律"，而是教育本身固有的、内在的、本质的、必然的联系。据此，有研究者认为"还应从事物的规律本身来论述（教育规律），以便更有利于实践"，当然"教育外部关系规律"和"教育内部关系规律"的分类，"具有简洁明了、便于理解和操作的特点"。但同时指出，"外部""内部"的提法往往使人想起它与"规律是事物本身所固有的内在本质联系"相矛盾，可能会引起人们不必要的误解和争论，进而提出"高等教育必须适应和促进社会的发展""高等教育必须适应大学生身心发展的特征和促进大学生德、智、体、美、劳等方面的全面发展"两条高等教育基本规律。

辩护者认为，教育外部关系规律的"外部"一词，是指在教育系统之外；

"外部关系"指的就是教育系统与社会其他系统之间的关系，不可与"外在"一词混用。在中国哲学史上，往往把"外部"与"外在"、"内部"与"内在"混用，易生歧义，以致有人以为教育外部不存在规律。其实，不论事物的内部还是外部都有本质关系或本质之间的关系，也有非本质或非本质之间的偶然联系。外部关系规律所指的就是事物的本质之间的关系。另外，外部与外在、内部与内在是表示空间、范围与系统的概念，教育的内部规律、教育的外部规律的实际含义是教育的内部联系中的规律和教育的外部联系中的规律，因而是对不同空间范围内的教育客观规律的宏观种类及教育规律系统的正确反映。同时，辩护者以"各种教育辞典及许多教育学教材、文章纷纷引用这一观点，以及全国教育科学规划领导小组办公室主笔的中华人民共和国成立以来第一个《我国教育学学科研究现状与发展趋势的调查报告》，不仅把内外规律说作为一个重要的学术观点，而且还多处使用这一概念来分析概括我国教育科学研究的状况、特点及发展目标和趋势"为据，说明"教育内外规律"说越来越为教育理论界了解、认可和接受。

2013年《北京大学教育评论》第1期发表了展立新、陈学飞的长篇论文《理性的视角：走出高等教育"适应论"的历史误区》。该文从工具理性、经济理性、政治理性、实践理性和认知理性五方面进行分析，批判了高等教育"两个规律"的理论，认为"高等教育发展必须适应社会发展"的观点是错误的，并坚称"从理性分工的角度来看，高等教育本质上是一种知识再生产活动，其首先应该符合的是认知活动合理化即认知理性发展的要求"，因而"回归认知理性，建设完善的学术市场，是我国高等教育摆脱'适应论'思想束缚、稳步建设'世界一流大学'和现代大学制度的客观要求和未来发展趋势"。新一轮的关于教育规律的争论、讨论、商榷随即开始，并逐渐引起一波相关学术辩论热潮。

三、教育的外部关系规律和内部关系规律

我国高等教育学科奠基者和创始人潘懋元先生从"高等教育作为一种社会现象"的视角，提出了高等教育的外部关系规律和内部关系规律，这也是

我国多年来高等教育规律研究中最具开创性和代表性的成果。它不仅奠定了中国高等教育学的学科理论基础，而且对我国高等教育改革实践产生了深远影响。该观点一经提出，随即引起了学界的普遍关注，虽然也受到了部分学者的疑问和评论，但总体获得了广大学者的认同和共鸣。

潘懋元认为，在诸多教育规律中，有两条规律是最基本的：一条是关于教育与社会发展关系的规律，称为教育的外部关系规律，简称"教育外部规律"；另一条是教育和人的发展关系的规律，称为教育的内部关系规律，简称"教育内部规律"。其中，教育的内部关系规律制约着促进人的自身发展的功能，教育的外部关系规律制约着教育的社会功能。两者都是教育最一般的规律，是任何教育活动所必须遵循的基本规律。为了更好地协调教育的两种基本功能，必须掌握教育的两条基本规律。

潘懋元指出，按照系统论的观点，社会是一个大系统，教育是这个大系统中的一个子系统，它与社会其他子系统如经济系统、政治系统、文化系统，以及各种社会因素如人口、资源、地理、环境、民族、宗教等之间，存在着不可分割的必然联系和关系。教育同经济、政治、科技、文化等的必然联系与关系，就整个大系统来说，它是内部的，但就教育这个子系统而言，则是外部的关系，故称教育的外部关系规律。教育的外部关系规律，是指教育活动过程与整个社会及其他子系统的活动过程，存在着相互作用的必然联系。这条规律可以这样表述："教育必须与社会发展相适应。"适应，包含着两个方面的意义：一方面，教育要受一定社会的经济、政治、文化等制约；另一方面，教育要对一定社会的经济、政治、文化的发展起作用，以推动社会的进步。所以，这条规律可简明表述为："教育必须受一定社会的经济、政治、文化等制约，并为一定社会的经济、政治、文化等的发展起作用。"两者之中，"受制约"是前提，"起作用"是目的。

就教育本身而言，它是一个特殊的社会子系统，它的运行除了与整个社会大系统和社会其他子系统的活动存在内在的必然联系，要遵循教育的外部关系规律，还必须遵循其自身的特殊规律，即教育的内部关系规律。教育的内部关系规律，是指在人的培养这一复杂的过程中，各种因素之间的必然联系与关系。而在这些关系中，最基本的关系有三个：一是教育与教育对象的身心发展及个性特征的关系；二是人的全面发展教育各个组成部分的关系；三是教育者、教育对象、教育影响诸要素的关系。所谓教育的内部关系规律就是这些关系与作用的总和。教育在其发展过程中，内部诸因素存在的本质的关系，就是教育的内部关系规律。这条规律可以这样表述：教育要与教育对象的身心发展特点和需要相适应。简明些可以表述为："教育受教育对象身心发展特点和需要的制约，并对受教育者的身心发展起作用。"

潘懋元认为，教育的这两条基本规律具有内在的逻辑关系。"教育外部规律制约着教育内部规律的作用，教育的外部规律只能通过内部规律来实现"，或者"教育内部规律要受教育外部规律制约，教育外部规律要通过内部规律来实现"。一方面，教育主要是通过培养人来为政治、经济和文化服务，而培养"人"就是培养"全面发展的人"。所以外部规律就要通过内部规律的作用，通过培养全面发展的人来实现了。另一方面，只有在一定政治、经济、文化条件下，即社会主义制度、大工业生产、高度科学水平等条件下，教育才能彻底实现人的全面发展，所以外部规律又制约着内部规律。正是这样既依赖、制约又相互作用，两种规律表现出一种辩证的逻辑关系，办教育既要遵循外部规律，又要遵循内部规律，应把内外部规律很好地统一起来，不能把它们分割开。

正确理解与掌握教育外部规律与内部规律的统一性，对教育实践有重要的意义。一方面，要认识到教育不能不受其所处社会的经济、政治、文化、科技等的制约，无视社会环境或企图摆脱所受制约，"就教育谈教育"，教育活动将无法进行，任何美好的愿望将无法实现。办高等教育就必须面对社会经济的现实，不可能回避这一现实，关门办学。否则，所培养的人才不适应人才市场的需要，大学就很难办下去，更不可能有所发展。另一方面，要认识到教育是不同于经济、政治的社会子系统，有其相对的独立性，必须遵循教育内部规律办教育，不能以经济规律来代替教育自身的规律。必须按照德、智、体、美、劳全面发展的规律培养人才，才能真正地为社会主义发展和现代化建设做出贡献。

教育的这两条基本规律，特别是外部关系规律首先由从事高等教育研究的学者总结归纳出来并不是一件偶然的事。由于高等教育所培养的是社会主义高级专门人才，因而它与社会经济、政治、文化等的发展有着直接的、密切的联系，对社会发展起着直接的作用。尤其是教育的外部关系规律，在高等教育领域表现得十分突出，其作用也特别明显。这些都为外部关系规律的概括和总结创造了有利的条件。有关外部关系规律的提出和表述，目前已被教育界广泛认可和接受，并在实践中作为必须遵循的一条基本规律。但潘懋元曾谈到，教育外部关系规律比较成熟，他心中有数；有关教育内部关系规律的研究，还不够全面和成熟，当时他心中还没有数。但是，教育内外部关系规律提出以来，恰恰是教育外部关系规律遭到更多质疑和批评。

随着中国高等教育的蓬勃发展，出现了许多新现象和新问题，潘懋元本人及许多教育界人士灵活运用教育内外部关系规律，解释和解决了这些新现象和新问题，如高等教育与商品经济（市场经济）的关系、文化传统与高等教育的关系、高等教育如何迎接新技术革命挑战、高等教育大众化、中国高等教育地方化、中国民办高等教育发展、高等教育通向农村等，有力地论证了教育内外部关系规律的科学性。当然，我们在认识这两条教育基本规律时还应注意：一是"两条规律"是指整个教育的，而不是单指高等教育的，更不应以高等教育中的研究型大学的功能来否定教育基本规律；二是"相适应"是相互起作用的，不应只理解为单方面的制约；三是"两条规律"的关系是平行的，也可以理解为外因是条件，内因是根据，但不是上下位规律，上下位规律是一般规律与特殊规律；四是"两条规律"的提出是从实践的需要出发的，是在总结实践经验（包括古今中外的和学者自身的实践经验）的基础上提出来的，不是从哪一个理念中演绎出来的。

关于教育基本规律在高等教育研究与实践中的运用，潘懋元指出，从规律到实践的运用，中间有许多环节。忽略这些中间环节，规律就成为空洞的口号；如果直接以之指导实践，就会犯"教条主义"的错误。

第一，规律是抽象的、一般的，实践是具体的、特殊的，规律必须先转化为原则，才能指导教育教学实践。原则虽然比规律具体，但还是理论的、一般的，仍然很抽象，还要转变为政策、制度。但有政策、制度还不够，还应转变为措施和办法、方案等，然后才能转化为实践。如果缺乏这些中间环节，教育规律就很难运用到教育实践中去解决问题。

第二，规律是客观的，而认识是主观的，这中间会产生矛盾。有时个人认为符合规律的做法，一开始会被认为是违反规律的措施；而违反规律的政策、方案、措施，并不是一开始就被认识到是"误区"，往往陷得相当深、受到规律的惩罚，才能省悟过来。在决策上，为了避免不符合客观实际的主观成分，要广泛听取教育理论工作者和实践工作者的意见，反复论证，做到决策过程民主化，以减少主观成分，使决策较接近客观规律并具有实践的可行性。

第三，规律的存在是无条件的，规律的应用则是有条件的。规律具有普遍性，规律无处不起作用，但规律的应用要有条件，要受各种条件的制约。必须具体问题具体分析，也就是说，一切以时间条件为转移。我们常常强调要符合校情、省情、国情，就是指条件不同，不能生搬硬套。

总之，必须遵循规律办事，但如何运用教育规律，必须联系实际。掌握规律，可以使我们看得较宽、较深、较远；而运用规律，则要求我们认真研究中间环节，具体研究制约条件。

第三节　高等学校的社会职能

高等教育的任务是培养具有社会责任感、创新精神和实践能力的高级专门人才，发展科学技术文化，促进社会主义现代化建设。高等教育的这一任务是由它的专门机构——高等学校来实现的。也就是说，高等学校是承担高等教育任务的专门机构，高等教育促进社会发展和人的发展，主要通过高等学校的职能发挥来体现。高等学校的职能，就是高等学校在社会发展中应该履行的职责和应该发挥的作用。高等学校只有明确自身的社会职能，才能有明确的办学目的和方向，也就是按教育规律办事。高等学校是社会发展到一定阶段的产物，其所承担的社会职能是随着高等学校活动的不断扩大而逐渐增加的。但培养人才、发展科学、服务社会始终是高等学校最基本的三项职能。

一、现代高校的职能体系

高校具有培养人才、发展科学、服务社会三大职能，并且共同构成了现代大学职能体系。目前在高等教育文献中，通常都是把教学、科研和社会服务列为高等学校的三项职能，这几乎已作为一种共同的、固定的认识而纳入高等教育学的基本理论之中。但由于长期以来有关高校职能的争议太多，因此需要对三种职能的含义做较为明晰的阐释。

（一）培养人才：现代高校的基本职能

培养人才是高等学校最基本的职能，也是高校职能体系的核心。培养专门人才是大学诞生之日起就具有的职能，也是大学作为社会特定机构之所以能够长期存在和发展的合法性依据。无论大学如何发展，这一职能永远不会消失，离开了这一点，大学便不是大学了。因此，培养专门人才是高等学校的根本使命，也是高校工作的根本出发点和中心，高校的一切工作都要围绕培养专门人才这一使命来展开。虽说高校培养专门人才的职能是永恒的，但培养专门人才职能的内涵是发展变化的，在不同的历史时期、不同的国家，高校所培养的专门人才从目标、规格到内容、质量都不尽相同。在传统上，人们把"培养人才"称为"教学"，从纽曼到今天我们都经常可以看到以"教学"指代"培养人才"的现象。其实，教学只是人才培养的一种主要途径，除教学之外，人才培养还需要科学研究、社会实践等途径，也需要良好的氛围和环境。此外，如今为终身学习提供机会已成为大学的重要任务，这本来也属于培养人才的范畴，但由于它出现在正规的大学教育之后，人们习惯于把它放在社会服务的职能之中。

（二）发展科学：现代高校的重要职能

发展科学职能主要体现在大学的科学研究活动中，在现代大学和社会中，科学研究的地位越来越重要。科学研究最初主要是作为一种新的教学方法被洪堡引入大学的，强调"研究与教学相统一"，在科学研究的过程中实现人才培养。如今，科研仍对大学的教学有巨大的促进作用。开展科学研究活动既是现代高校培养人才不可缺少的途径，也是现代社会科技、经济发展对其提出的客观要求，高校正在成为科学研究的重要方面军和提高学生质量的法宝。这是因为高等学校在培养专门人才的过程中，必然集中大量具有丰富科学理论知识和方法的专家，设置门类齐全的专业、学科，购置先进的科学仪器设备，收藏丰富的文献资料，拓展广泛的信息来源渠道，创造良好的科学研究氛围，这些都为开展科学研究、发展科学创造了良好的物质和精神条件。而且研究已不限于基础理论研究，大量的应用技术开发研究和合作研究正逐渐成为高校研究的主要形式。高校担负着越来越重的发展科学的任务，甚至在一些高校和某种情况下还出现了"重科研、轻教学"的现象。

（三）服务社会：现代高校职能的延伸

服务社会职能主要表现为高校在培养人才和发展科学的基础上，还通过各种形式为社会提供直接的服务。高校直接为社会服务是社会的客观需要，也是高校自身发展的需要。现代高校社会服务的范围日益广泛，从生产到生活，遍及社会的各个领域。服务对象既有政府，也有工厂、企业，乃至个人。服务形式有：教学服务，包括委托培养、推广教育及举办技术人才培训，开展成人教育和继续教育；开展技术推广服务；建立科学（工业）园区；建立大学 - 企业联合研究中心；通过签订科研合同，承担政府和企事业单位的科研项目；与企业建立伙伴关系，相互支持，提供各种咨询，兴办合资企业；向社会开放图书馆、实验室、教学设施；等等。需要特别指出的是，服务社会不仅是现代大学职能的延伸，也是现代大学的重要标志。现代大学的服务社会职能要求大学为社会提供的直接服务，必须是学术性的，要以研究为基础，要有教育内涵，是其他机构所不能提供或者提供得比较差的服务。至于其他机构完全可以提供，而且比大学做得更好的服务，则不应属于大学的职能范围。在我国，一提到大学的服务社会职能，人们往往想到大学为经济建设服务，想到创收，这便把服务社会职能狭隘化了。而有时人们往往又把培养人才、发展科学以外的所有服务性的活动，都看作大学服务社会的职能，这会把大学引向歧途。

（四）现代高校三项职能的关系

高等学校培养人才、发展科学、服务社会的三项职能，是相互联系、相互渗透的，共同构成了现代高校的职能体系。它们之间密切联系的纽带就是大学的内部逻辑。其中，培养人才是高校最基本的职能，是决定高等教育本质的因素。发展科学是高校的重要职能，它直接关系到培养人才的质量和学术水平的提高。服务社会是高校培养人才、发展科学职能的延伸和拓展，是高校各种资源的充分利用，也是高校与社会联系的桥梁。其中，培养人才的核心作用和中心地位不可动摇，要以培养人才为中心处理好三者之间的关系，发挥相互联系的整体作用。

从高校职能产生和发展的角度看，培养人才是高校的固有职能，发展科学是培养人才职能的延伸，而服务社会又是培养人才、发展科学职能的延伸，高校三项职能的顺序不宜颠倒。潘懋元指出："高等学校三个职能的产生与发展，是有规律性的。先有培养人才，再有发展科学，再有直接为社会服务。其重要性也跟产生的顺序一致，产生的顺序也就是其重要性的顺序。应该说，第一，培养人才；第二，发展科学；第三，直接为社会服务。不能颠倒过来，把直接为社会服务摆在第一位，把教学或者科研摆在第二、第三位，这是不对的。""有没有人提倡高等学校三个社会职能的重要性应当颠倒过来呢？确实没有。但也确实有人在实际上自觉或不自觉地颠倒过来，这就不能不令人深切关注。"

此外，不同层次、不同类型的高等学校，对于这三项职能及每项职能的任务可以有所侧重，也应当有所侧重，可以根据自己的特点，选择适当的活动范围，不要互相攀比，不要人家有，我们马上就跟上去。条件不同，特点不同，类型不同，层次不同，不要相互雷同。不要把多样化、社会化看作小而全、大而全。另外，开展直接为社会服务的活动，还要着眼于社会效益，不要影响教育教学和科学研究的质量。

二、高等学校职能的扩展

在高等教育领域中，高等教育的功能和高等学校的职能是经常使用的概念，由于两个概念的内涵有类似的地方，而且两者之间也是紧密联系在一起的，因此在使用过程中出现了不同程度的混淆。特别是在最初讨论的过程中，有很多学者在表述时将两者混为一谈，致使出现了不同的高校职能观，有关高校到底有哪几项职能也说法不一。

（一）不同的高校职能观

虽然目前人们已经对高等学校具有三项职能的观点基本取得了共识，但在以往的讨论中，还是有一些学者提出了不同的看法，做了一些相关的探讨。由于国内外学者对于高校社会职能研究的理论基础和逻辑起点不同，因此对高校职能体系的构成形成了包括单职能观、双职能观、三职能观、四职能观和多职能观等多种说法。

（1）单职能观：高等学校只有一种职能，即培养专门人才。

（2）双职能观：高等学校具有教学与科研两种职能。

（3）三职能观：高等学校具有培养人才、发展科学、服务社会三项职能。三职能观的其他表述还有"培养人才，发展个性""文化创新与文化涵化""社会批判""教育 —— 传授知识，研究 —— 创造知识，服务 —— 使用知识""社会化、选择、创新"。

（4）四职能观：有人认为，大学应当具备"人才培养、知识创新、社会服务和促进国际交流与合作"四项基本的社会职能。另外，还有人认为高校的四项职能是"教学、研究、公共服务和批判社会的职能"。

（5）五职能观：有人认为，现代高校五大职能包括"教学、科研、社会服务、科技孵化器和就业指导"。也有人认为，高校职能除常说的培养人才、发展科学和社会服务外，至少还具有文化创造与导向、个人的社会升迁等。

（6）六职能观：有人认为，现代高等学校有六项基本职能——保存知识、传授知识与培养人才、传播知识、增进知识、应用知识、社会批判与监督。

此外，还有人在不否定已有说法的同时，突出强调某一方面的大学职能。

如杨晓萍认为"创新是现代高校的新职能"；荣光宗认为"自我维持"是大学的永恒职能；等等。

（二）对"第四职能"的探讨

随着社会和高校自身的发展，高校被赋予了越来越多的责任与使命，大学职能在不断拓展和丰富。在以往研究的基础上，不少学者对大学职能进行了重新审视，不仅不断提出新的大学职能，而且还表现为集中探讨大学"第四职能"的现象。总结以往学术界对高校"第四职能"提出的看法和观点，大致有以下几点。

1. 国际合作

国际合作应当成为21世纪高等学校的第四职能。这是21世纪社会经济、科技和文化发展对高校提出的新要求，也是高校在世界各国经济和科技日趋国际化的历史潮流中应当和能够扮演的角色。这里的国际合作是指跨国界、跨民族、跨文化的高等教育交流与合作，它主要包括师生互换、学位等值、学者互访、国际联合办学、国际合作研究、参加和举办国际学术会议、国际教育资源的互补等。唐玉光在《国际化 —— 知识经济时代大学的新职能》一文中也指出，高等教育国际化是一个过程、趋势、结果、计划、服务和活动。"国际化已成为当代社会发展的重要特征，在世界经济和科学技术日趋国际化的过程中，作为'轴心机构'的大学"，将"通过国际的文化交流、科技合作、国际理解教育，担当起增进理解、促进和平、共同发展的使命"。冯振业等人在《对大学的第四职能：国际文化交流与合作的一些理解》中指出，国际文化交流与合作是现代大学的另一重要职能。但潘懋元认为，国际合作并不是大家普遍承认的，也不是大多数高校所要承担的，提出这一职能的多半属于重点大学。还有学者认为，"国际合作"与高校的"人才培养、科学研究、社会服务"的职能之间只是一种手段、途径与任务、组织的关系，绝不能等量齐观、混为一谈。

2. 改造社会

"改造社会说"的代表是眭依凡。他在《改造社会：未来大学新职能》

一文中提出："随着文化时代的到来，大学不仅有弘护传统、维持现有的属性，更具有改造现有、创造未来的属性。而后者恰恰要求大学不可一味地在继承中被动地适应社会的巨变，相反应率先引导社会的变革和进步。""引导社会变革、建立社会规范、参与社会决策 —— 这就是未来大学改造社会的崭新定位。"但有学者认为："高校有'引领'社会的职责，但通常不是直接去'改造'社会，故用'改造'一词似乎要求过高。""大学或许也可以改造社会，但更多的事实不是'改造'而是'被改造'。"

3. 技术创新

方展画在《高等教育"第四职能"：技术创新》一文中，把技术创新作为高校的"第四职能"。他认为，随着知识经济时代的到来，知识成为人类创造财富的第四个源泉。知识对经济产生实质性影响的主要中介是技术创新。而技术创新方式的变化，导致技术创新的主体发生了转移 —— 从以企业为主体转向企业与高校合作，即企业与高校在技术创新方面的"一体化"合作，高校逐渐成为技术创新的主体。高等教育能否及时强化技术创新职能，对社会经济的发展至关重要。这里所说的技术创新，是指技术上的某种新发明或新创造。因此，要明确这里的"技术创新"是作为一种含有"新质"的新职能，还是高校三大职能的"延伸"。

4. 社会批判

禹旭才在《社会批判：大学必要的职能》一文中认为，长期以来，大学的社会批判职能一直被显性的社会职能所遮蔽，但大学自诞生以来一直在默默地履行着这一职能。社会批判职能的必要性源于大学与社会的共同诉求，其可能性源于大学所固有的批判素质及所处的特殊位置与所承载的特殊活动。大学的社会批判与一般意义上的社会批判有着本质区别，其目的在于促进社会理性和德性的共同进步，核心在于对社会的"导引"。康瑜在《试论全球化视角下高等教育的社会批判功能》中认为，高等教育是社会批判最重要的承担者，随着经济全球化的发展，高等教育的社会批判功能受到冲击。朱为鸿等人在《守望社会良知 —— 论大学的第四职能》中认为，大学"造就公众心灵"职能的主要实现途径就是批判。对于社会来说，大学的这种职能从来就没有缺失过，它一直是健全社会的必要保证。

5. 引领文化

赵沁平在《发挥大学第四功能作用，引领社会创新文化发展》中提出：
"引领文化是大学的重要功能。大学是最高教育机构，也是文化发展的中心。
它包含众多学科领域，集精神建构、学术研究、科学发现、技术发明及人才
培养于一体，成为新文化的孵化器。"李灿在《论现代大学的第四职能——
文化引领》中认为，在当前我国社会转型、生产力水平跃升、外来文化与传
统文化不断发生冲突这一时期，大学文化引领的功能愈加凸显。"文化引领"
已成为大学的新职能，即大学的"第四职能"。杨国欣在《文化大发展背景
下大学引领文化的职能探析》中认为，引领文化是大学的基本职能，是渗透
于三大职能之中又高于三大职能的基本职能。

6. 引领社会

刘理认为，引领社会是大学的新职能，提出大学是传承、创新、引导文
化的基地，其不朽的生命力在于弘扬和引导社会先进文化，通过对文化的批
判和创新激发全民族的文化创造力，不断引导社会文化的进步。大学引领社
会不仅仅是社会服务职能的延伸，引导社会文化软实力提升将发展为当代大
学的一项专门性社会责任，并对社会发展做出重大贡献。大学引领社会，是
引领社会走向真理，这是大学组织的内在逻辑决定的。大学引领社会，不仅
体现在对社会政治、经济发展的重大判断和决策上，而且体现在引导人们区
分善恶、建立信念和认识真理上，代表着"社会良心"。大学以其新思想、
新知识、新文化引导社会前进，成为发展人类先进文化的重要力量。时代强
烈要求现代大学不仅要服务社会，更要站在时代的前列引领社会前进，这是
历史赋予现代大学的神圣使命与责任。大学引领社会是其培养人才、发展科
学、服务社会的最高境界，对三大基本职能具有价值定向的作用，也是大学
价值的最高体现。

（三）文化传承创新

高等教育是优秀文化传承的重要载体和思想文化创新的重要源泉。要积

极发挥文化育人作用，加强社会主义核心价值体系建设，掌握前人积累的文化成果，扬弃旧义，创立新知，并传播到社会、延续至后代，不断培育崇尚科学、追求真理的思想观念，推动社会主义先进文化建设。要积极开展对外文化交流，增进对国外文化科技发展趋势和最新成果的了解，展示当代中国高等教育的风采，增强我国文化软实力和中华文化的国际影响力，努力为推动人类文明进步做出积极贡献。

从高等教育职能的发展和演化来看，每一次职能的改良和拓展，都以之前的职能为坚实的基础。与此同时，积极拓展新职能的国家必定会引领高等教育发展的新方向，并借此步入高等教育强国之列。其实，作为优秀文化传承的重要载体和思想文化创新的重要源泉，大学自诞生之日起，就对人类文化的传承和发展起到了独特而重要的作用。在经济全球化和文化多样化的时代背景下，大学是科学研究和传播知识的场所，传承优秀文化，创新思想文化，推动文化传播与交流，既是大学基于自身性质所承担的天然使命，也是时代进步和社会发展对大学提出的新要求。当今世界，文化是一个国家经济社会发展的主要支撑，有时也被称为软实力。守护、传承、创新文化，已是大学必须承担的新职能，即大学应有的第四职能。这个职能实现得如何，不仅决定着大学的水平与质量，也决定着它对国家和民族的意义。

中国是具有五千年深厚历史底蕴的国家，是东方文化的发祥地和集中代表，不断发掘我国文化宝库之精髓，为现代国家的发展与振兴所用，文化传承创新是新时期国家文化建设和提升软实力对高等教育的新要求。同时，学习借鉴先进国家和其他一切文明成果，为现代国家的发展与振兴所用，高等教育将在其中发挥不容忽视的重大作用。特别是高等教育还能够引领先进文化的前进方向，为社会创造新的价值，教育大学生——国家未来的建设者和领导者如何选择和秉承主流价值，如何消弭文化和价值冲突。21世纪是科技与文化的世纪，为提升我国文化软实力和综合国力提供了难得的契机。因此，我国高等教育要肩负起文化传承创新职能，对创立新知、传播中华文化、增强文化交流和中华文化国际影响力、全面提高高等教育质量、建设世界一流大学、建成高等教育强国具有十分重要的现实指导意义。

　　高校肩负着人才培养、科学研究、社会服务、文化传承创新、国际交流合作的重要使命。从世界范围看，高等教育的国际化日趋加强，高等教育领域的国际交流合作日趋频繁，大学的这项新使命则主要表现在师生的跨境流动、跨境联合办学、学位互认与学位联授互授、跨国合作研究、优质教育资源互补和国际教育援助等方面。

第三章　高等学校的教育主体

第一节　高等学校的教师

高等学校的教师是高等学校的教育者。因此，明确高校教师的地位与作用，尊重高校教师的待遇，关注高校教师的职业道德修养，建设一支数量适当，结构合理，政治、业务素质精良，充满活力的教师队伍，是办好高等教育的关键。

一、大学教师的作用、任务与地位

人们用"百年树人"来表达教师工作的深刻意义，用"辛勤的园丁""人类灵魂的工程师"来表达对教师的崇敬。"振兴民族的希望在教育，振兴教育的希望在教师"。教师是民族希望之所托，肩负着培养社会主义现代化建设者和接班人的重任。而大学教师又以其特定的历史任务，起着特殊的社会作用，构成其特殊的社会地位。

（一）大学教师不同于一般教师的特殊作用

1. 大学教师的基本任务是培养高级专门人才，而高级专门人才在科学技术和社会的发展中起骨干作用

现代科学技术的发展，最终取决于高等教育所培养的人才的数量和质量。生产力水平的提高、国民经济的发展、文化教育卫生事业的昌盛、综合国力的增强、社会的整体进步，在很大程度上取决于高等教育所培养的人才的数量与质量。而高级专门人才的质量，又取决于大学教师的工作质量。

2. 大学教师，既是文化科学的传递者，又是文化科学的创造者

历来对人类社会有伟大贡献的科学家、思想家、活动家，不少都毕业于高等学府或当过大学教师。人们往往把大学教师这一职业同文化发达、科学

昌盛、政治民主、人类进步紧密联系在一起，用"学者""专家"来称呼大学教师，把大学教师的声望作为一个国家学术水平的标志，把大学教师的社会地位作为文明建设的一面镜子。

3. 大学教师既是教育工作者，又是社会活动家，以其专家、学者的身份，对科学、文化、经济、政治的远见卓识，参与社会活动，直接为社会服务

在现代信息社会中，大学教师对社会改革的高见、对重大事件的评论，在报刊电台上占有重要的地位，起着舆论导向的作用。

（二）大学教师的任务

高等学校的基本职能一般有四项：培养高级专门人才、发展科学、服务社会和国际交流。高等学校要实现这四项职能，主要依靠广大高校教师。因此，高校教师的任务主要有以下三个方面。

1. 培养高级专门人才

大学培养高级专门人才主要是通过教学工作。因此，教学工作是大学教师的主要任务。大学教师必须努力教书育人，必须根据专业设置、培养目标、教学大纲和大学生身心发展与教育关系的规律，认真备课及编写讲义教材，有计划地进行教学，在传授科学文化知识的同时，发展大学生的智力，进行思想品德教育，努力提高教学质量。

2. 从事科研工作

从事教学工作的大学教师还必须参加一定的科研工作，通过科学研究，不断提高自己的学术水平。科研的成果可以丰富教学的内容，促进教学质量的提高。有的科研课题，教师可以组织学生参加，通过科研活动来培养学生的研究能力和动手操作能力。可见，教学与科学研究工作是相互促进的，对于专任科研工作的教师也应兼做教学工作。这样有利于培养高级专门人才。

3. 为社会服务

为社会服务是现代高等学校不可忽视的职能。现代的大学与社会经济的发展、科学技术的发展联系越来越紧密。科学技术是第一生产力。许多新的科技开发来自大学，然后才转到生产部门进行生产。高等学校为社会服务的

职能也是通过教师的工作实现的。大学教师直接为社会服务，有利于深入了解实际、了解社会、了解国情，理论联系实际，增强解决问题的本领，从而能够更好地提高教学与科研的水平，提高教学质量。

大学教师这三个任务，只要安排得当，必能起到互相促进的作用。

（三）高校教师的地位

随着社会主义物质文明和精神文明的蓬勃发展，以及高校教师作用和任务的明确，我国高校教师的地位明显提高，无论是政治地位、社会地位，还是经济地位都明显提高了。

首先，政治地位提高了。在强调知识经济发展的今天，尊重知识、尊重人才已蔚然成风，掌握更多知识和以育人为主要目的的教师自然受到了人们的尊重。在全国、省、市、县各级人大代表和政协委员中，教师都占有一定的比例，教师参政议政的程度大大提高了。

其次，社会地位提高了。"教师是太阳底下最光辉的职业""教师是人类灵魂的工程师"。这些虽然都是比喻，但道出了人们对教师的感激和赞美之情。今天，许多国家都为教师专门制定了节日。我国从1985年开始设立教师节。

最后，教师的经济地位提高了。近几年来，教师的工资水平随国民收入的增长逐步提高，其他社会福利也实行优待教师的政策。党和国家的这些政策，为改善教师的生活待遇、建立保障机制起到了决定作用。

当然，由于教师群体是一支庞大的队伍，人数很多，而政府的财力有限，在市场经济环境下，改革过程中各种关系的理顺，教师生活待遇、经济地位的提高，要有一个过程。对于大学教师来说，既要看到经济地位与社会地位有一定的关系，更要认识到教师的社会地位最终取决于自己对社会的作用和贡献。只有忠于职守，出色地完成教师的任务，才能得到社会的尊敬。

二、大学教师工作的特点和职责

教育是一种特殊的生产部门，教师是特殊的脑力劳动者。作为高等学校的教师，其劳动对象都是身心趋于成熟且具备一定专业知识基础的大学生，劳动产品是社会需要的高级专门人才，因此高等学校教师的劳动明显具有区别于其他社会劳动的特点。

（一）大学教师工作的特点

1. 复杂性

高等学校教师的劳动是复杂劳动，原因有以下几点：第一，高等学校教师面对的是具有一定生活经验、科学文化知识和抽象思维能力的青年人和成人，由于学生生源、经历、年龄不同，生理、心理及知识水平存在很大差异，形成劳动对象的复杂性、多样性。第二，高等学校教师劳动的职责是多方面的。既要教书，又要育人；既要传授知识，又要发展智力；既要使学生在毕业后能适应生产发展的需要，又要使他们适应现有的生产关系，适应社会生活。第三，高等学校教师劳动的能力需要是复杂的。教师不仅要有较高的教学水平，还要有较强的科研能力，并能把自己的科研成果及时地推广、宣传出去，达到产学研结合的最佳状态，不断推动社会生产力的发展。第四，高等学校教师的劳动具有时空无限性的特点。高等学校教师要认识、掌握、改变其劳动对象，把人的发展的无限可能性转化为教育目的、培养目标所要求的现实性，所支付的社会必要劳动时间几乎是难以估算的。

2. 创造性

高校教师劳动的创造性主要体现在三个方面：第一，高校教师向学生传授的科学文化知识和生产技艺具有深、广、新的热点，因此高校教师不仅要在教学和科研中掌握和运用与本学科有关的新知识、新技艺，而且还要自觉探索新知识，创造新技艺。第二，教师向学生传授知识、培养学生各种能力的过程，需要教师开展创造性工作。教师在教学过程中，必须根据不同情况创造性地运用不同的教学方法，要从教材和学生的实际出发，按照教学大纲的要求，有计划、有步骤地引导学生独立地进行分析、综合、比较、抽象、概括等思维活动，充分发挥学生的主动性和积极性，注重培养学生的创新性思维、情感和意志。第三，教师的教学过程不仅要使学生能够掌握更多的科学知识，还要使学生能够把知识转化成智力和能力，这个过程本身就是一个复杂的创造性的过程。

3. 长效性

人的成长和发展需要一个过程，作为促进学生发展的高等学校教师的劳动不可能立竿见影，其成效需要经过几年甚至几十年才能显露出来。高等学校教师劳动的长效性是其他任何劳动都无法比拟的。

4. 独立性和协作性

高校教师的教学、科研和做思想工作都具有较大的独立性，一般是以个体的方式进行的。高校教师不实行坐班制，工作时间和非工作时间没有明确的界限，他们的脑力劳动不受时间、空间的限制。这种以个体为主的工作方式，对于充分发挥教师的积极性、创造性具有十分重要的作用。但是，高校的人才培养、科研及社会服务等职能又绝非某一位教师可以单独完成的，这就需要高校教师打破学科、专业之间的界限，不同专业的教师相互学习、借鉴，共同完成高校的任务。

作为一名大学教师，必须兢兢业业地进行艰苦的脑力劳动，除了精通专业，还要有广博的知识。这需要长年累月地刻苦钻研。教师必须具有"学而不厌"的精神。大学教师工作的特点，还表现在他们治学严谨，严于律己，既要为人师表，又要善于做大学生的知心朋友。大学教师要参与社会上各种学术团体的活动，进行学术交流工作，吸取新的科学信息，不断提高学术水平。因此，大学教师的工作不是封闭的，而是开放的。

（二）大学教师的职责

我国高等学校教师的职务分为助教、讲师、副教授、教授四级。各级教师的职责如下。

1. 助教的职责

第一，课程的辅导、答疑、批改作业、辅导课、实验课、实习课、组织课堂讨论等。

承担教学工作（公共外语、体育、制图等课程的教师还应讲课），经批准，助教可担任某些课程的部分或全部讲课工作，协助指导学生毕业论文、毕业设计。

第二，参加实验室建设，参加组织和指导生产实习、社会调查等方面的工作。

第三，担任学生的思想政治工作或教学、科学研究等方面的管理工作。

第四，参加教学法研究或科学研究、技术开发、社会服务及其他科学技术工作。

2. 讲师的职责

第一，系统担任一门或一门以上课程的讲授工作，组织课堂讨论，指导学生实习、社会调查，指导学生毕业论文、毕业设计。

第二，担任实验室的建设工作，组织和指导实验教学工作，编写实验课教材及实验指导书。

第三，参加科学研究、技术开发、社会服务及其他科学技术工作，参加教学法研究，参加编写、审议教材和教学参考书。

第四，根据工作需要协助教授、副教授指导研究生、进修教师等。

第五，担任学生的思想政治工作或教学、科学研究等方面的管理工作。

第六，根据工作需要，担任辅导、答疑、批改作业、辅导课、实验课、实习课和指导学生进行科学技术工作等教学工作。

3. 副教授的职责

第一，担任一门主干基础课或者两门或两门以上课程（其中一门应为基础课，包括专业基础课和技术基础课）的讲授工作，组织课堂讨论，指导学生实习、社会调查，指导学生毕业论文、毕业设计。

第二，掌握本学科范围内的学术发展动态，参加学术活动并提出学术报告，参加科学研究、技术开发、社会服务及其他科学技术工作；根据需要，担任科学研究课题负责人，负责或参加审阅学术论文。

第三，主持或参加编写、审议新教材和教学参考书，主持或参加教学法研究。

第四，指导实验室的建设、设计，革新实验手段或充实新的实验内容。

第五，根据需要，指导硕士研究生，协助教授指导博士研究生，指导进修教师。

第六，担任学生的思想政治工作或教学、科学研究等方面的管理工作。

第七，根据工作需要，担任辅导、答疑、批改作业、辅导课、实验课、实习课等教学工作。

4. 教授的职责

除担任副教授职责范围的工作外，应承担比副教授职责要求更高的工作。领导本学科教学、科学研究工作，根据需要并通过评审确认后指导博士研究生。

三、对大学教师的基本要求

大学教师是培养高级专门人才的人才，因而对大学教师的素质，包括思想政治、道德品质、专业知识、科研能力，应有较高的要求。

（一）要有正确的政治方向

高等学校的教师必须热爱祖国、热爱党、热爱社会主义。树立科学的世界观和方法论，在教学过程中能自觉运用马克思列宁主义的立场、观点、方法分析问题和解决问题，引导大学生正确认识世界。因为学校的教学内容和方向只能靠教师来把握，所以教师必须有正确的政治方向。

（二）要忠诚于社会主义的教育事业

大学教师要有事业心。有事业心才有动力，无论碰到什么困难，始终站在教学第一线，全面贯彻党的教育方针，坚持为办好社会主义大学而奉献毕生的力量。

（三）要热爱学生

教师对学生要充满友爱，要关心大学生，要对大学生进行全面的指导。要真正做到教书育人，没有爱心是不可能做到的。

（四）对自己所教的专业或学科，要精益求精

教师必须精通自己所教的专业或学科，结合科研或者注意收集本专业、本学科的新成果，了解其发展趋势。认真备课，经常修改讲义，精益求精。多数教师通过在职进修，结合科研和社会服务来提高教学质量，有条件的可脱产进修，不断提高教学的水平。

（五）要团结协作

在高等学校里，无论是培养人才还是科学研究，都要靠许多教师的共同努力才能完成。因此，大学教师团结协作、形成合力十分重要。在教学方面，互相通气，避免重复或疏漏，互相学习、取长补短、共同提高是不容忽视的。在科学研究方面，现代科学技术的发明创造，往往需要多种学科协作，仅靠个人的力量，许多课题是很难完成的，必须组织许多校内教师甚至校外专家通力合作才能完成。社会服务方面也是一样，有许多项目也要靠集体的力量才能完成。因此，大学教师必须具备团结协作的精神。

这里要特别强调教师的职业道德，即师德问题。教师的工作对象是正在成长的青年学生，教师的一言一行，都会对学生起到潜移默化的作用，必须有"诲人不倦"的精神，为人师表，才能做到教书育人。

四、高等学校教师的结构

教师队伍的结构是指教师的整体构成的素质。教师队伍的结构是否合理，直接影响着大学的教学与科研的整体质量是否过关。其结构的主要因素有职称结构、学历结构、年龄结构、专业结构等。

（一）职称结构

一所大学，其教师队伍内部的职称比例如何才算合理，不能一概而论。高等学校类型不同、任务不同，可以有不同的教师职称结构。大专和本科的要求不同，本科大学的高职称的比例可大于专科。而培养研究生和科学研究任务比较重的大学，其高职称的比例又要更大些。教授、副教授、讲师、助

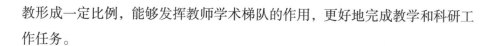

教形成一定比例，能够发挥教师学术梯队的作用，更好地完成教学和科研工作任务。

（二）学历结构

学历结构是指教师队伍的最后学历状况构成的比例情况。我国培养研究生的起步较发达国家晚，因此大学教师绝大多数只是本科毕业的学历。现在明确要求，对以培养本科生和研究生为主的大学，教师应有硕士以上学位。原来只是本科毕业的青年教师，要求他们进修硕士学位的主要课程。要求将来的大学教师都能达到硕士或博士的实际水平，保证大学教学与科研的质量。

（三）年龄结构

年龄结构是指教师队伍年龄构成的比例状况，也就是老、中、青教师的比例状况。脑力劳动需要有旺盛的精力和创造性的思维能力。人的一生有其发展的规律。据医学家调查，在 20 岁至 30 岁的 10 年中，人们对社会做出的有价值的贡献，包括发明创造，在整个人生中占 37 % 以上。从世界上的科学家首次做出重大贡献的年龄来看，多在 25 岁至 45 岁。因此，我国教师平均年龄偏高对办好大学是不利的。近年来，许多年轻教师涌现出来，他们主要是近几年培养出来的硕士生、博士生，不少教师在 35 岁以前就被评为副教授，在 45 岁之前就当上了教授，这就能逐步改善教师队伍的年龄结构。

（四）专业结构

专业结构是指教师队伍中不同专业或不同专业教师的比例状况。

高等学校为适应经济、科学技术发展，建立各种专业，每一个专业由许多学科构成，因此全校要有多种学科的教师。多种学科的教师结构，正是高等学校不同于专门研究机构的优势所在，即使是同一学科的教研室，也需要由不同专长的教师组成，这样有利于教学与科研的开展。还应注意基础课教师和专业课教师的比例，要重视基础课的教学，鼓励高职称的教师开设基础课，以提高教学质量。

五、大学教师的培养与提高

根据当代社会对高校教师素质的要求，按照高等教育的内部规律和教师成长的规律，要做好高校教师的培养和提高工作，必须抓好以下几方面工作。

（一）加强道德建设，努力提高高校教师的职业道德水平

具备良好的职业道德是对教师最基本的要求，高校教师的政治态度和思想素质会对学生产生很大的影响。因此，高等学校必须重视并加强教师的职业道德建设，认真贯彻《中华人民共和国高等教育法》和《中华人民共和国教师法》对教师职业道德的要求，重视和加强宣传教育，实施以"爱岗、敬业、奉献、为人师表"为主要内容的师表工程，增强教师教书育人、为人师表的自觉性和责任感。

（二）努力提高高校教师的学历水平，加大教师知识更新力度

高校教师的高学历化是现代科学技术和生产力的发展对高等教育的要求。现代科学技术和生产力的发展，要求高等学校培养出来的人才具有更强的适应能力和创造能力，要求教学和科研更加紧密地结合，因而必然要求高等学校教师具有更高的基础理论水平和更强的科研能力，要求教师受过高层次的教育。高校教师的高学历化是高校教师具备应有素质的基本保证。

（三）深化高等学校人事制度改革，建立新的师资队伍管理模式

高等学校师资队伍建设必须更新观念，深化认识，建立科学的师资管理体制。首先，按照相对稳定、合理流动、专兼结合、资源共享的原则改革教师的编制管理模式，促进教师资源的合理配置，充分开发和有效利用。其次，改革用人制度，逐步实行真正意义上的教师聘任制，建立能进能出、能上能下的用人机制，彻底打破论资排辈的状况。

（四）培养、选拔学术骨干和学科带头人

培养、选拔学术骨干和学科带头人是高校教师队伍建设的一项十分重要

的战略任务。一个学科有几名学术造诣深的教师，可以形成一个教学科研能力强、素质高的教师群体，从而带动整个师资队伍的建设。

第二节 高等学校的学生

高校学生的基本特点，体现了大学生作为青年人所特有的生物规定性、思维规定性和社会规定性，主要包括生理特点、心理特点和思想行为特点。正确把握高校学生的基本特点，是大学教育的一个基本前提。

一、高校学生的生理特点

当前，我国高校学生大都处于人生的青年期，年龄一般都在17岁至23岁，生理上已接近或达到成年人的水平，身体器官的功能已趋于完善和成熟，进入相对稳定期。

首先，生长发育的身体各项指标增长趋于缓慢，已接近或达到成人水平，运动能力显著增强。

其次，大学生内分泌腺的发育达到稳定和成熟，生殖系统逐渐达到成熟。

最后，大学生的神经系统已接近成人水平，这一时期的青年表现为善于分析和综合客观事物，能够坚持较长时间的脑力活动。

二、高校学生的心理特点

具体来说，大学生的心理特征表现如下。

（一）大学生的思维素质日趋完善

大学生的神经系统特别是大脑的机能已发育成熟，经过教育训练和专业学习，大脑接收信息、传递信息、综合信息的能力也大大提高，这一切为大学生思维素质的完善奠定了生理基础。

首先，大学生思维的抽象性明显增强。随着知识量的急剧增加，特别是专业训练难度的不断加大，大学生的抽象思维在整个思维中已占主导地位。

其次，大学生思维的独立性明显增强。在抽象思维不断发展的同时，大学生的独立思考能力得到提高。

最后，大学生的思维已具有一定的创造性。大学生的智力水平已发展到不再是简单地掌握信息，而是通过自己的思维去分析、综合、加工各种信息，创造出新的知识的程度。

大学生的思维能力虽然在高等教育阶段得到了较快发展并日渐成熟，但是大部分学生辩证思维的基础还不牢固，思考方式还带有横向比较、微观体验、局部判断的特点，其思维训练和经验积累还有待不断加强和完善。

（二）大学生的自我意识日趋强烈

自我意识是人的认识中的一种特殊的表现形式，是个体对自我及周围人的关系的认识，包括自我观察、自我评价、自我体验、自我监督、自我控制、自我教育等形式。大学阶段正是学生的自我意识迅速发展的阶段，一般具有以下特点。

1. 自我意识开始分化，自我矛盾开始出现

进入大学以后，随着学习、生活方式的改变和心理意识的发展，大学生的自我意识有了明显的变化，出现了理想自我和现实自我的分化，并且迅速发展，导致矛盾冲突日益明显。大学生对自己的生活充满信心，对未来抱有幻想，而现实往往不是他们所想象的那样，于是就出现了所谓理想自我和现实自我的矛盾。这种矛盾分化，使得大学生越来越多地注意到"我"的许多细节，发生自我意识的改变，经过自我体验和自我调控，而表现出各种激动、焦虑、喜悦与不安的情绪。当理想自我占优势时，往往会使"客体我"萎缩到实际能力以下，大学生总认为自己事事不如人，从而产生较强的自卑感，甚至放弃努力，形成自我怜悯或伤感的心理状态。相反，当现实自我占优势时，大学生往往表现出较强的虚荣心和自我陶醉，特别在乎别人对自己的评价，担心暴露自己的缺点。另外，在大学生的自我意识中，投射自我意识的成分明显增强，人际关系也因此变得较为复杂，同学之间的矛盾也日益增多，常会认为自己不为别人所理解，常常要求别人理解自己，

出现"理解万岁"的理念。

2. 大学生自我意识矛盾日益突出，但调控能力相对较弱

由于自我意识的分化，"主体我"和"客体我"、"理想自我"和"现实自我"之间的种种矛盾开始出现。随着自我意识的进一步发展，这种矛盾也越来越突出。在这种矛盾心理的作用下，大学生对自己的评价也常常是矛盾的，对自己的态度也是波动的，对自己的调控常常是不自觉、不果断的。他们时而看到自己的这一面，时而又看到自己的另一面；时而能客观地评价自己，时而又高估或低估自己；时而对自己充满信心，时而又对自己不满，感到自己什么都不行；等等。面对自我意识中的种种矛盾，大学生便开始通过各种活动来重新认识自己，自觉或不自觉地在调节矛盾中认识自己、完善自己。经过一段时间的矛盾冲突和自我探究后，大学生的自我意识就会在新的水平和方向上趋于一致，达到暂时的自我统一。然而，新的自我意识矛盾又会产生，还需要不断地自我调控和自我探究。但大学生的这种自我调控能力相对较弱，往往受到外界环境的影响。

3. 自我意识的矛盾转化不断进行，且渐趋稳定

在自我意识"矛盾统一——新矛盾—新统一"的转化发展过程中，大学生的自我意识不断发生重大变化，由刚进校的"依赖性"和"盲目性"，渐渐转变为"想入非非"，到毕业前就显得沉稳多了。正是由于这种矛盾转化，大学生的自我意识发生了明显的飞跃，个体之间出现了差异，自我意识也逐渐趋向成熟。

由此可见，大学阶段是大学生自我意识的"转折"阶段，也是自我意识和自我矛盾表现最突出的阶段，对个体的人生观、价值观、世界观的形成有着非常重要的意义。针对大学生自我意识的发展特点，采取相应的自我意识教育和培养，是高校学生管理的一个重要方面，要引导他们全面认识自我、积极认可自我、努力完善自我。

（三）大学生的情感发展起伏多变

大学生情感丰富、复杂、不稳定，对各种现象十分敏感、关注，对友谊、

爱情、正义等的追求十分执着，爱思考和辩论，甚至以行动来维护自己心目中的真善美。他们的情感体验深刻、强烈，感情容易外露，喜怒哀乐常形于表面，在外界刺激下容易冲动、凭感情用事，过后又懊悔不已；情绪起伏波动较大，呈两极趋势，有时兴奋激动如火山爆发，有时消沉忧郁，甚至失去生活的勇气。

1. 稳定性与波动性并存

一方面，大学生具有自我控制情绪的能力，一般能用理智约束冲动，对不良情绪进行自我调节；另一方面，也有不稳定因素。例如：时而平静，时而激动；时而积极，时而消极；时而肯定，时而否定；时而外显，时而内隐；等等。

2. 丰富性和复杂性并存

首先，大学生在自我情感方面较为敏感，注重独立感、自尊心、自信心和好胜心，有强烈的求知欲、好奇心，热爱科学和真理，憎恨迷信和谬误。他们对祖国、社会和集体有深厚的情感，有民族自豪感和自尊心，有"天下兴亡，匹夫有责"的责任感、义务感，嫉恶如仇，喜恶分明，正义感鲜明。大学生对纯洁的友谊和爱情十分向往，还积极地在发展美、欣赏美、创造美的活动中体验美的感受。

其次，大学生丰富的情感呈现出外显和闭塞、克制和冲动交错的特征。通常，大学生对外部刺激的反应迅速、敏感，喜怒哀乐溢于言表，内心体验和外部表现是一致的，呈现出外显性特点，如为比赛胜利欢呼雀跃，因考试失败而垂头丧气。然而，在一些特定场合，其外在表现和内心体验并不一致。例如，当大学生遭到不友好、不公正的对待和压制时，在得不到理解和尊重时，会把心扉紧闭，不轻易表露真情实感。有时还会采用不正当的办法来掩饰内心情感。

3. 阶段性和层次性并存

（1）不同年级大学生的情绪和情感。一部分低年级大学生涌动着成为大学生的自豪感，对一切感到新鲜、好奇，体验到顺利通过高考的轻松和愉快。部分大学生面对非理想的专业、院校，以及自己在班级中排名上的落差，会感到失望、迷惑和自卑，同时，会产生压力和紧迫感。而且，由于不适应陌生的环境，大学生往往会产生恋旧感，会思念父母、家人和旧日的同学。

中年级大学生情感适应性增强，专业思想趋于稳定，学习兴趣浓厚，求知欲强，思维活跃，独立感、自尊心和自信心得到发展。他们的人际交往渐多，建立友谊，感情密切，爱好广泛，积极参加社会活动，社会责任感、义务感、荣誉感、美感进一步发展，情绪和情感较为平稳。

高年级大学生社会责任感明显增强，社会性情感日趋丰富，更多地关心个人与社会的关系、思考人生价值，紧迫感和忧虑感明显，留恋学校和同学。

（2）不同层次大学生的情绪和情感。优秀生的独立感、自尊心和自信心较强，情绪积极、愉快、乐观，求知欲强，学习兴趣浓厚，能体验到快乐、责任感和荣誉感。后进生内心充满矛盾，一方面想甩掉落后的帽子，另一方面又缺乏毅力和恒心，感到痛苦、自责，有自卑感。

（四）大学生的个性特征明显增强

大学生的个性特征主要表现在兴趣、性格和能力上。大学生的兴趣具有广泛性和选择性的特征。大学生的性格特征一般表现为：在情绪特征方面，大部分同学表现为欢乐、乐观；在理智特征方面，大部分同学都乐于观察，喜欢思考；在意志特征方面，大部分同学的行为都具有较强的目的性，但也有少部分同学因缺乏锻炼，意志品质相对薄弱。大学生的能力包括注意力、观察力、想象力、思维力、记忆力等方面，这些能力随其生理和心理发育的日趋成熟和社会化程度的不断提高而得到明显增强。

三、当代大学生的思想特点

当前，高校大学生思想政治状况总体呈现稳定、健康、向上的良好态势，人生观、价值观主流趋向积极、进取、务实。同时，由于社会生活的多样性、大学生生活环境的复杂性，青年学生价值观念和行为方式呈现多样性和复杂性。我们既要肯定大学生思想主流健康的一面，在政治上充分信任当代大学生，又要看到他们矛盾性的一面，引导他们健康成长。当前大学生思想政治状况有以下一些新特点。

（一）大学生思想活跃，求新意识较强，善于通过多种方式特别是网络获取新信息

随着改革开放的深入，我国与世界的交往和联系越来越密切，西方思想文化、价值观念、生活方式影响的渠道和机会大大增加。国内社会经济成分、组织形式、就业方式、利益关系、分配方式日益多样化，出现一些新的社会阶层。因此，人们思想活动的选择性和差异性明显增强，当代大学生的思想非常活跃。他们求新、求异的意识比较强，喜欢接受新事物、新潮流、新看法；同时，存在自主能力较弱、自我控制力较差、心理素质不强等问题。应当特别指出的是，网络已经成为大学生获取信息的重要来源。网络正在极大地改变着高校学生的生活方式、学习方式、交往方式、娱乐方式甚至语言习惯，对广大学生的学习、工作、生活和思想观念产生着深刻的影响。

（二）大学生的人生观、价值观主流积极健康，求知成才愿望强烈

社会主义市场经济体制的建立，使我国社会主义现代化建设显现出极大的活力，为大学生的发展成才带来许多新的机遇。党和政府倡导的社会主义核心价值观，得到大学生的广泛认同。当前，大学生更加注重自我价值和利益的实现，关注自身素质和能力的提高，竞争意识、自强精神普遍有所增长，并呈现出更加务实的特点。

（三）大学生积极支持和拥护高校扩招和教育教学改革，也对高校的办学质量、教学条件、生活环境提出了更高的要求

一是大学生越来越关注学校的办学质量。实行交费上学之后，大学生对于学校的教育教学质量特别关心。相当多的大学生认为，当前高校教育教学的内容和方法，是关系到大学生创新精神和实践能力的培养，是关系到学生求知、成才和成功的"主要问题"之一。由于实行教育成本分担机制，绝大多数大学生有了教育投资意识，对学校的教学条件有了更多、更高的要求。

二是大学生越来越关注学校的办学条件。后勤社会化改革的迅速推进，大学园区的建设，解决了高等教育快速发展的瓶颈问题，改善了高校的办学条件，但同时也带来了一些新的问题。由于新建大学生公寓文体活动的场所相对不足，新大学园区距大学本部一般较远，师生接触困难，缺少浓厚的校园氛围，不能满足学生的要求。三是大学生中的困难群体增加。近年来，经济困难大学生人数相对增加，需要予以特别的关心和帮助。

以上情况表明，高校学生思想政治工作面临着新形势、新情况、新问题。我们必须认真分析，以创新的精神，进一步加强和改进思想政治工作。要坚持教育管理和服务并重，更好地为学生成长成才服务；要深入了解学生思想政治状况，有针对性地做好学生思想政治工作，特别要关心学生中困难群体的问题；扩大高校学生思想政治工作的覆盖面，不仅要覆盖班级、宿舍，还要覆盖公寓、社团、网络，推进思想政治工作"进公寓""进社团""进网络"；健全高校学生思想政治工作制度，注重建立长效机制，更多地依靠制度、政策来保障大学生思想政治工作常抓不懈、常抓常新；拓展高校学生思想政治工作的内容和手段，既要注重思想道德教育，又要注重法制教育，引导学生增强法制观念；加强高校学生思想政治工作的队伍建设，建设一支专职和兼职结合的队伍，把学生思想政治工作和教师思想政治工作，以及学风、校风、教风建设结合起来，形成齐抓共管、全员育人、全程育人和全方位育人的机制。努力使高校学生思想政治工作的时代感不断增强，针对性、实效性不断提高。

四、高校学生的价值取向

价值取向是指主体对价值追求、评价、选择的一种倾向性态度，也就是一个人以什么样的态度来对待社会价值和自我价值，并做出选择与追求。大学生的生理特点和心理特点决定了他们的价值取向。价值取向是当代大学生的内心向导，它对当代大学生承担21世纪赋予的历史使命具有重要影响。

调查显示，大学生人生价值观的主流呈健康向上的趋势，自主、竞争、公平、效率等时代意识明显增强。从整体看，多元并存；从个体看，多数大学生尚未形成完整的、稳定的人生价值观念。总体来说，大学生价值取向的变化有如下特点。

（一）兼容性

随着改革开放的不断深入、市场经济体制的不断完善，以及社会政策对个人利益的承认和肯定，越来越多的大学生开始追求进取务实和协调并重的价值选择，表现出明显的兼容性。大学生在个人与社会、义与利、奉献与索取问题的选择上不愿偏重哪一边，而是寻找结合点，希望"社会与个人利益并重""事业和利益兼得"。

（二）主体性

市场经济的迅速发展极大地张扬了当代大学生的个性，就整体而言，他们的价值取向正在由传统的社会本位转向个人本位，主要表现为崇尚自我、以个人为主体、注重自我设计、个人奋斗，强调自我价值的实现。

（三）多样性

一是价值评价标准的双重性。理论上的认知标准和实际中践行的标准不一致。当代大学生习惯于以集体主义的价值标准要求别人，对自己却采取利己主义的价值标准；对学雷锋、见义勇为等行为在观念上认同，却不积极转化为自觉的行动；等等。这种矛盾性和双重标准，充分反映了处在社会转型期大学生的复杂心态。二是价值取向的多样性。在社会主义市场经济的影响下，大学生价值观念的来源呈现出多元化倾向。在日益多元化的个人选择中，传统的价值观念受到挑战，过去那种"舍个人为集体"的单项选择已难成共识。既要顾全大家也要快乐自己、既要国家安全又要个体幸福的并存选择，成为很多大学生推崇的价值取向。思想观念的多元化，必然导致行为选择的多样化。

（四）矛盾性

由于在市场经济条件下社会群体利益分配的差别和价值观念呈现多元化，当代大学生在价值观念上的困惑和矛盾明显增多。"价值认知模糊"也体现在大学生个体的人格上。价值观的困惑和矛盾体现在三个反差上：一是道德理论与道德实践的反差。大学生既崇尚真善美的精神境界和高尚人格，又注重现实，讲究实惠和实际，注重物质利益和生活目标。二是校园内外的反差，即实际存在的道德双轨现象。学校在提倡高水准的道德规范，而社会上某些人低水准的道德行为和道德意识也在蔓延。三是理想教育与社会现实的反差。当代大学生是在求新与守旧、优越与自卑、求异与从众、贡献与索取、个人与集体等价值冲突中形成自己的观念与行为的，在价值判断与选择上存在"关心与冷漠相容，希望与困惑并存，进取与彷徨相伴，认同与失落交错"的心态。

（五）时代性

青年的性格就是时代的性格。大学生的"成人"意识在日益激烈的竞争中逐渐清晰起来，在与各种复杂问题的交战竞争中，他们开始走向自立。

（六）不稳定性

在传统与现代、进步与落后双重价值的冲突和互动下，价值相对主义成为当代大学生价值取向的又一特征。"回归传统""全盘西化""实用理性"这些相互矛盾的价值取向可能在同一大学生的行为中得以体现。与传统道德灌输相反，青年更宽容"道德不确定性"的存在，对社会主导价值和信仰抱有更多的"游离"态度。此外，大学生正处在青春期，某些生理因素和心理因素处于极不稳定的变化中，他们具有强烈的好奇心，容易被外在的热点吸引，其兴趣热点游离带来很大的随意性。我国的政治、经济、文化等各方面都在发生变化，而这些变化必然会影响大学生的思想观念，这说明大学生的价值取向不稳定，具有很强的可塑性。

第三节　高等学校的师生关系

教师和学生是高等教育活动中的两个基本构成要素，而高校师生关系则体现了高等教育过程中人与人关系中最基本、最重要的方面。

良好的师生关系是推动教育水平不断提高的重要因素。良好的教学效果要通过师生间的人际沟通才能实现。高等学校中的师生关系贯穿整个高等教育过程，体现在大学活动的各个方面。我们把师生关系定义为"在教育过程中，师生双方通过交往和互相影响而形成的一种特殊的人际关系"。

一、高校师生关系主要表现为以下几种形式

（一）工作关系

高校师生间的工作关系是高校师生在共同完成教育教学任务过程中形成的一种自然关系。关于师生间的工作关系，中外教育学者曾有许多论述，如美国的亨利·罗索夫斯基（Henry Rosovsky）认为，大学是学生从教师身上寻求知识的学校，一般而言，大学各主要群体（教师和学生）间的关系应当是等级关系。而中国学者认为，师生间的工作关系是一种制度化了的"领导"与"被领导"的关系，这种关系具有先赋性、法定性、稳定性等特点。

（二）情感关系

与工作关系相辅相成的是师生间的情感关系。教育心理学认为，在教育情境中，互动双方的情感关系是学生最终取得学业成功、教师最终实现教学成功的关键。作为大学教师，要让学生喜欢我们，学生才可能真正喜欢我们所讲授的课程。因此，首先要做到情感上的融洽。

1. 教师对学生的积极情感，具有调节教师自身行为的作用

师生间的真挚感情可以激发教师对教育工作的热情，使教师无限忠诚于教育事业，也缩短了师生之间的心理距离，有助于教师更深入地了解学生（如学生的家庭情况、学习、生活等），以取得更好的教学效果。同时，教师对学生的积极情感，还具有调节学生行为的作用。例如，学生违反课堂纪律，教师有意或无意的提醒或暗示，能或多或少地对其行为施加影响。当然，教师对学生不宜轻易产生厌恶的情感，而应以鼓励为主。

2. 学生对教师的积极情感在教育上也具有重要的意义

学生与自己所喜爱的教师相处，有助于在教育过程中形成一种良好的准备状态，这种状态能够激起学生浓厚的学习兴趣，有利于学生完成学习任务；同时，学生与其所喜爱的教师相处，易产生一种信赖感，这种信赖感将会使教师具有极大的感召力。在与学生的交往中，每当听到"老师，我心情不太好，想和您谈一谈，可以吗？"这类询问时，笔者都会感到非常激动。因为，对教师来讲，为学生所信赖，这是极大的幸福和动力源泉。

（三）道德伦理关系

这种道德伦理关系是靠一定的社会道德观念和道德规范来维持的，是一定社会道德风尚的重要组成部分。

二、创设高等学校良好的师生关系

高等学校的师生关系，应是在自愿、平等、宽容、激励等前提下教师主体与学生主体间的交往关系，在由这种师生关系所创设的民主、平等、宽容的心理氛围中，师生共同研讨问题，教学相长，以提高高校教育质量。

（一）高校师生关系的特点

要建立良好的师生关系，教师就必须充分把握高校师生关系的特点。

1. 在师生工作关系中，学生的主动性明显增强

大学生因其生理和心理日趋成熟或已基本成熟，能够把社会或学校的任务内化为自己的学习目标，从而积极参与教育教学活动。这时，教师的主要任务就是把主动权还给学生，对其因势利导，帮助其养成良好的学习习惯，要信任学生，而不能完全剥夺学生的自主权。

2. 高校师生情感建立在平等和民主的基础上

高校活跃的学术氛围和大学生的心理特征、生理特征，决定了学生不再是被教师"绝对领导"的对象，大学教师要敢于放下架子，心平气和地与学生"平等对话"。当然，还要注意，教师不仅要引导学生之间学会欣赏对方

的优点，正确看待各自的缺点，而且一定要率先垂范，努力发现和欣赏学生的优点。

（二）建立良好师生关系对教师的基本要求

教育实践表明，要想建立良好的师生关系，教师对学生的态度和行为起着重要的作用，这里主要从教师的角度进行介绍。

加强师生之间的理解与沟通。建立良好的师生关系，需要双方对各自的角色规范有明确的共识与认同。由于高校活动的特点，加之我国正处在社会转型时期，目前高校师生缺少交流，关系趋于表面化，各自的角色规范没有达成明确的共识与认同。师生之间缺乏友情，常吟"生意经"，感情淡漠，交往不多。这不仅反映在课堂教学上，也反映在课后活动中。为了改善师生关系，教师应有主动精神，主动深入学生群体，主动延长交往时间，主动增加交往频率；同时，多发现学生的优点，在恰当的时候给予一定的表扬。这些都有助于改善师生之间的关系。尽管高校教师实行的是不坐班制度，可以上课来下课走，但是高校教师不应有忽视的观点，不应忽视学生渴求与教师交流的愿望。

第四章　高等教育人才培养模式现状

第一节　高等教育人才培养模式发展的影响因素

一、外部因素的影响

（一）经济发展水平助推人才培养模式变革

1. 经济发展"新常态"

近年来，我国经济以前所未有的速度增长。但现在我国经济发展已不再一味追求速度，而是追求质量，经济发展进入了稳步增长的新常态。这种新常态，不单单是我国发展理念的优化变革，也是国家长远发展、经济持续繁荣的战略变革。

经济发展"新常态"需要高等教育的变革，并给高等教育变革以外在压力。在经济发展的新常态模式下，高等教育为确保其在整个经济转型过程中发挥驱动作用，就必须在人才培养方面进行不断变革和跟进。首先，新常态下经济社会发展的同时，相匹配的复合型专业人才培养也在同步搭建，以期形成互融互促，协同发展；其次，新常态下，人才培养也应立足于科技创新，着眼于未来发展，应聚焦创新前沿知识体系，推进科研体制改革发展，培养敢创新、能创新的新型人才，强化助推我国的工业体系向创新创效、提质增效方向发展。人才培养新模式需要体系化的支持助力，这就反向推动高等教育要从整体上对经济发展做出响应和变革。

2. 知识经济

知识经济是指以智力资源为首要依托，建立在知识和信息的生产、分配和应用之上的新型经济。20 世纪末期，西方一些国家由于技术革命率先演化出了知识经济，伴随全球化经济的拉动，知识经济的影响力逐步扩大，渐渐变成了全世界范围内经济发展的重要着力点。

当前，国际经济的竞争就是知识创新、创造的竞争，也是具备知识创新能力和创造能力的人才的竞争。知识经济与高等教育有着密切关系，一方面，高等教育在知识经济社会中扮演的角色和占有的地位越来越重要，高等教育逐渐成为知识经济社会发展的中枢，对社会经济的发展有着特殊作用。另一方面，21世纪的经济竞争在很大程度上演变成教育的竞争，高等教育面临着新的要求，现代大学作为人才培养的轴心机构，必须革新人才培养模式。

知识经济的一个重要影响就是其转变了工业经济时代仅仅通过获取、使用自然资源就能够获得长足繁荣的发展路线，经济发展转而依靠知识的创新与科技生产能力。知识经济的特点决定了在国际经济的大比拼中，哪个国家的创新意识强、创新能力强、创新转化能力强，哪个国家就能在竞争中占据有利位置。知识经济的发展推动了高等教育的转型发展，基于此，全球范围内的各个国家均着眼于创新，纷纷将培养学生的创新创造能力当作高等教育改革的第一目标。

（二）科学技术发展给高等教育人才培养带来挑战

1. 科学技术革命

当今世界的竞争是科学技术的竞争，是专才的竞争，也是高等教育的竞争。科学技术的创造、发明、传播和应用都离不开科技人才，科技人才的培养依靠教育，尤其是高等教育。高等教育主要担负着为社会培养高级专门人才的重要任务，其发展必须与时代所要求的社会经济和科学技术发展水平相适应，它与现代科技的关系是互动的。

为了应对科学技术革命的快速发展，高等教育必然要进行调整和改革。现代大学不仅是科技人才的再生产基地和人才供给线，而且是科学技术生产和再生产的基地，是现代科学技术人文综合化发展的最理想环境，更是现代科技迅速转化为生产力的主渠道。因此，高等教育改革必须面对现代科学技术突飞猛进的现实，尽早实现教育与科研两个功能一体化，以增加竞争实力。此外，必须革新人才培养模式，重视和全面提高专门人才的素质，培养学生的科学素养，使学生能够熟练使用现代技术手段进行学习、具备创新意识和创造能力，提高学生的人文素质，实现高科技、高文化和高情感的三位一体。

进入新时期，高等教育人才培养要立足于社会主义初级阶段的基本国情和现代化建设的需要，提出切实可行的措施，使高等教育在经济发展和社会进步中发挥更大的作用。

2. 人工智能技术

人工智能作为新一轮产业变革的核心驱动力，对经济发展、社会进步等各方面产生了重大而深远的影响。这种核心驱动力的形成就需要我们从根本上重新剖析"人才"的内涵，思考人工智能时代"人才"的培养目标与衡量标准。

人工智能时代给高等教育人才培养带来了机遇，为高等教育人才培养迎来了广阔的发展空间，具体而言，表现在人才培养意义与价值的凸显、人才培养途径与方法的改善，以及人才培养硬件与软件的扩展上。首先，人工智能技术的发展最初即得益于人才，因此培养技能型、创新型人才对于国家在人工智能时代发展科技、稳步发展具有重要意义。其次，人工智能技术的更替使得高校培养人才的途径和方法得以改善，丰富了授课方式和教学方法。最后，教育的发展在一定程度上又得益于人工智能技术的进步，因此人工智能技术的进步可以为高校人才培养提供更为先进的硬件设施，有助于学生在更为先进、舒适的学习环境中学习知识，提升科学素养。

在人工智能时代，以强大的数据库为支撑的深度学习，使得高等教育人才培养面临着相应的挑战。首先，在人才培养过程中，高校面临着信息膨胀的挑战，如何在有限的课堂上基于教材传授尽可能全面且丰富的知识是对教师的考验。其次，由于智能技术与学习机器的快速发展，免去了对基本知识进行收集、归类、总结的部分环节，容易将知识"和盘式"提供，在一定程度上阻碍了学生自主探索、辩证思考能力的提升。最后，当前社会越来越多的基础性、常规性岗位由人工智能即可胜任，其对部分岗位的占位必然影响部分高校毕业生的就业选择，如何在人工智能时代寻求、判定自我的职业能力与存在价值，是学生需要面对的问题。

二、高等教育内涵式发展的诉求

高等教育走内涵式发展道路，即满足其经济、文化等多方面的诉求，并通过满足这些价值诉求来提高高等教育自身的质量。评判高等教育质量的首要标准，即人才培养的质量。因此，高等教育自身具备的政治、经济、文化功能同样深刻影响着人才培养模式的变革。

（一）提升经济发展水平：高等教育的经济功能

高等教育对社会经济发展的助力作用不能被忽视。不断扩大高等教育规模，提升高等教育质量，能够为推进社会繁荣发展、助力社会经济改革及产业结构升级提供源源不断的人才。此外，当经济发展到一定水平后，教育质量的作用远大于教育规模的效用，因此推动高校在培养大批量专门人才的基础上，更专注于提升培养人才的质量，使毕业生能够真正为社会经济发展创收、服务，显然更为重要。

高等教育质量的提升不单单关乎经济社会发展水平这一个层面，其对经济发展质量的影响也尤为显著。在当今的大背景下，经济社会的高质量发展离不开高质量科研创新成果的转化，其中高质量科研创新成果的转化又离不开科技创新领域人才的推动，也就离不开高质量高等教育的培养和孵化。当下我国正处于经济社会发展转型的重要阶段，因此高等教育人才培养对于我国经济的高速、高质发展承担着重要责任。

（二）提高学生全面素质：高等教育的文化价值

高等教育与文化的丰富、创新、更新息息相关。高校通过探索学术领域难点，能够持续创造全新的知识文化成果，助力专业文化的不断发展，进而拓展社会范围内文化知识的宽度和广度。此外，依托与先进文化的深度交流和沟通互动，可以更好地学习优秀的外来文化，并去粗取精，将其培植于我国繁荣昌盛的文化沃土中，做到成果融合，互促提升，不断优化、繁衍，形成更符合我国基本国情、更具中国特色的新文化成果，并通过学校教育提升学生的思考、批判、探索能力，推动中华文化的即时更新。

大学的第一职能，毋庸置疑是教学，其根源即在于随着人思想和灵魂的不断充盈，人本身需要接受更为优质的教育以筑牢其思想之基。这里所讨论的高等教育教学，不单指传授给学生成为基本公民或具备在社会立足的基本素质，更多是指教化培养人的品格、情怀，使其具备丰富的知识与高尚的情操，塑造其成为有理想、有追求的人。

当今社会发展要求高等教育致力于提高学生的全面素质。"现代世界理科和文科的裂缝必须用科技人文科学来黏合"的呼吁，描述了在现阶段大背景下，高等教育所培育的人才要具有饱满的能力素养和良好的个人品格。匡正大学教育时弊，基于高等教育的文化功能，通过高质量的高等教育促进学生全面发展，恰好符合了时代对教育的新需求。

三、个体自我发展与完善的需求

（一）个体的全面发展需求

人因其需求而接受教育，通过教育满足其需要的全面发展，进而通过接受教育之后的社会交往和劳动实践又产生新的发展需求，以构成良性循环。关于全面发展的定义一般是相对的，人的需求的全面发展构成人的全面进步，个体的全面发展绝不等同于将人培养成随心所欲、无所不能的人。在高校的实际教育中，一般将学生的全面发展理解为人的各方面素质的综合发展，个体对全面发展的需求影响着高校人才培养模式的方方面面。

《中华人民共和国教育法》第五条提出"教育必须为社会主义现代化建设服务、为人民服务，必须与生产劳动和社会实践相结合，培养德智体美劳全面发展的社会主义建设者和接班人"，基本上确立了对于"人的全面发展"的三育论。进入20世纪90年代后期，面对即将到来的21世纪，人们逐渐认识到个体的发展还应观照社会，为我国现代化建设服务，越来越多的人开始致力于为社会做出贡献，全面发展的内涵得到进一步丰富。基于人发展需求的多样化趋势，高校将培养目标扩充为包含政治素养、学习能力、为社会服务等多方面内容的表达，指出要培养"社会主义建设急需的高层次应用型和复合型人才"。伴随着"教育要向全面素质教育转变"目标的提出，人才培养模式也随之调整：在教学内容上更加注重中华优秀传统文化的教授，以推动学生对社会文化的理解与共鸣；增大了实践活动在教学中的比重，以提升学生切实为现代化建设服务的能力；等等。

进入 21 世纪，个体对于全面发展的需求进一步加强，在肃正政治素养、提升智力水平、夯实身体素质的基础上，人们将注意力更多转向其他方面的需求，如审美能力与情操、劳动实践技能等。这些多样化的需求，是伴随社会政治、经济、文化发展和变化的必然成果，是能够达成人的全面发展的综合素质结构。相应地，我国高校人才培养的理念、过程及评价的内容也得到进一步丰富，日臻完善。目前，我国的社会发展进入一个新的时期，针对当前的教育，党中央要求广大教育从业者要重视促进人的全面发展，要积极贯彻党的教育方针，落实立德树人根本任务，健全学校、家庭、社会协同育人机制，增强大学生文明素养、社会责任意识、实践本领，培养德智体美劳全面发展的社会主义建设者和接班人。

（二）个体的个性发展需求

个体的完善发展，应该是全面发展与个性发展的有机协调。人的主体性就是人在个体成长与社会活动过程中所展现出来的主观能动性，进一步讲，就是其发展需求的个性化彰显。高校学生正处于生理发育和心理发育的特殊阶段，容易受到外界因素的影响，其想法、意志、情感、欲求等时常处于波动状态。改革开放以来，基于学生个体发展需求的多变性与多样化，现代教育越来越注重其个性发展，高校逐步构建越来越完善的人才培养模式，在培养理念、过程等方面不断变革，致力于在符合学生身心发展规律与兴趣的基础上保障其实践技能的锻炼，在信息化指导下培育其创新精神与能力。

进入 21 世纪，伴随新技术、新业态的快速发展，创新精神与能力的培养成为个体发展的重要需求。过去高校内部以传统网络技术为载体的教学已逐渐不再适应技术的日新月异与学生全新的学习需求，基于此，高校以学生为中心，逐步推动培养模式的改革，重视培养学生的创新能力，增强学生全过程的学习认知，提升新时期人才培养的质量。教学内容、教学方式、硬件设施等教育资源都针对个体的特定需求进行调整，主动适应信息化背景下学生个体发展的需求变化。

首先，在培养理念方面，高校积极转变治学思路，遵循教育信息化这一现代的、科学的教育理念，培养新时代能够担当起我国民族复兴大任的、富有发展生机与活力的高质量、高标准新人。其次，在专业和学科建设上，高校逐步运用信息技术促进新兴、热点学科和专业的衍生、优化，促进相关学科的融合、交叉，并通过深刻挖掘信息技术的潜能和便利，提升各专业所培养人才与我国经济社会发展的适应性。最后，在教学体系中，部分高校以信息化作为牵引，带动学校教学体系改革：教学方式的变革是最直观的表现，高校利用信息技术更新、丰富教师的教学手段，促进教学环境的优化；在教学内容上，通过不断更新学科知识，使所教、所学尽可能符合学生个性化发展的需要，为学生更好地规划学习路径，推送学习资源。改革开放尤其是21世纪以来，通过信息化对高校人才培养的赋能，高校人才培养的质量有所提升，学生的创新精神与探索能力、信息检索与分析能力、个性与社会适应性都得到相应发展。

第二节　高等教育人才培养模式发展的显著特点

一、人才培养理念的不断调试与多样化

（一）倡导文化素质教育理念，平衡人文教育与科学教育

高等教育的发展，必须以转变思想观念作为引领；高校人才培养的发展，必须以理念的不断革新为动力。文化素质从其本质而言，就是高等教育在思想上的一个凝聚与创新，探其本质，是以素质教育为核心，以促进人的全面发展为靶向的培养理念。

近几年来，我国高等教育持续关注专业知识的教授与学习，在夯实学生的专业基础之余，也导致了一定的忽略人文科学教育及综合素质发展的问题。

教学内容较为狭窄、专业口径过窄、教学方法相对死板的弊端不断暴露，使高等教育无论是在培养人才的规模还是质量上都呈现出急功近利的倾向，并深刻影响着高校学生的整体素质尤其是人文素质。

20世纪70年代末，华中科技大学（原华中理工大学）率先展开提升学生文化素质的相关实践探索，可以视作高校文化素质教育最早的实践雏形。1993年，时任校长杨叔子在学校率先创办文学院，为全校学生提供多门人文类的选修课程，并在课程计划外举办一系列的人文讲座，为学生提供了不同以往的文科体验与知识学习。此后，多所大学也开设了涵盖人文社科内容的文化课程，对学生进行文化知识的传授与讲解。1995年，我国文化素质教育拉开帷幕，首先在52所高等学校内部展开试点。1995年9月，全国高校加强大学生文化素质教育试点院校工作会议召开，从国家层面第一次对文化素质教育进行解读与部署。会议指出：要加强文化素质教育，提高大学生的文化素质、文化素养与文化品位；要通过提高学生的文化素质，提高高等教育质量，将大学生的文化素质水平与高校人才培养的质量直接相连。

1998年，《关于加强大学生文化素质教育的若干意见》出台，将大学生的基本素质划分为四个成分，分别是文化素质、思想道德素质、身心素质及业务素质，四者共同构成学生的综合素质，并强调文化素质是其中的基础要素。对于文化素质教育理念，该意见也给出了较为正式的界定，即通过对全体大学生加强人文社科方面的教育（对文科生则着重加强自然科学方面的教育），通过加强人文科学教育、艺术教育等，提升高校学生的文化素养、审美旨趣、科学素质，最终实现教育本身的人文性，推动学生全面素质发展的思想。

文化素质教育理念确立后，很快引起了全国范围内高校的探讨与学习。面对21世纪的到来，如何在全球经济快速发展的形势中稳住立场，保有文化底蕴与内涵，成为值得进一步讨论的命题。1999年，高等学校"认真贯彻全教会精神，加强文化素质教育工作研讨会"在原华中理工大学召开，进一步探讨了文化素质教育理念与培养人才的关系、学校内部如何深入贯彻文化素质教育等问题，对几年来的文化素质教育工作的开展情况也进行了回顾。

文化素质教育，在根本上是人文教育与科学教育的平衡，最终目的是培养德智体美劳全面发展的、具备文化素养与人文知识的高素质人才。

2012 年，党的十八大报告为未来教育指明了方向，明确提出"全面推进素质教育"，促进学生全面发展。2017 年，《国家教育事业发展"十三五"规划》指出，"把立德树人作为根本任务，全面实施素质教育"，要求必须做到与时俱进、革故鼎新地去不断更新教育理念，全面提升人才培养水平。2017 年，党的十九大报告指出："要全面贯彻党的教育方针，以落实立德树人为根本任务，发展素质教育，推进教育公平，培养德智体美全面发展的社会主义建设者和接班人。"这是首次提出"发展素质教育"，是新时期为加快教育现代化进程对素质教育提出的新要求，表明素质教育迈入了新发展阶段。2020 年，中共中央、国务院印发的《深化新时代教育评价改革总体方案》作为中华人民共和国成立后的第一个教育评价系统改革性文件，对素质教育提出了"五破五立"的新要求，明确指出以立德树人为统领，坚持党的全面领导，把牢社会主义办学方向的具体要求。2021 年 3 月，《中华人民共和国国民经济和社会发展第十四个五年规划和 2035 年远景目标纲要》（以下简称《"十四五"规划纲要》）在第十三篇"提升国民素质 促进人的全面发展"部分，立足新时代，提出发展素质教育要更加注重学生爱国情怀、创新精神和健康人格培养的具体要求。

（二）倡导创新创业教育理念，促进双创教育与专业教育融合

中华人民共和国教育部在 2002 年正式启动创业教育，开展了创业教育的试点工作，试点院校为中国人民大学、清华大学等 9 所院校。从此，我国许多高校开始在创新创业教育方面进行有益的探索与实践。

创新创业教育是一种新的教学理念与模式，能够满足我国建设创新型国家发展战略的需要。国外只提出了创业教育的概念，我国则提出了创新创业教育的概念，将创新教育与创业教育进行了融合。创新教育与创业教育都旨在培养学生的创新精神和实践能力，我国目前需要将两者作为一个整体，加快发展创新创业教育。

2010 年，教育部发布《关于大力推进高等学校创新创业教育和大学生自主创业工作的意见》（以下简称《意见》），提出"创新创业教育要面向全体学生，融入人才培养全过程"，这是推进创新创业教育的第一个全局性文件。《意见》指出，应加强创新创业教育课程体系的建设，把创新创业教育有效纳入专业教育和文化素质教育教学计划和学分体系，推动双创类课程与各类专业课程体系的有机融合。同年，教育部副部长陈希提出"创新创业教育的核心是培养大学生的创新精神和创业能力"，这是官方首次对创新创业教育内涵进行具体的阐述。

2015 年，《国务院办公厅关于深化高等学校创新创业教育改革的实施意见》，提出"要以创新人才培养机制为重点，2015 年起全面深化高校创新创业教育改革"，高校作为创新创业教育的主体作用日渐突出。2017 年，国务院颁布的《关于强化实施创新驱动发展战略进一步推进大众创业万众创新深入发展的意见》提出，应"进一步拓展创新创业的覆盖广度……发挥大企业、科研院所和高等院校的领军作用"，进一步凸显了高校创新创业教育的重要作用。此后，高校创新创业教育不断呈现良好势头，成为大众创业、万众创新的生力军。

2018 年，全国教育大会进一步提出高等学校要"持续深化创新创业教育，造就源源不断、敢闯会创的青春力量"。《教育部高等教育司 2019 年工作要点》提出，持续深化高校创新创业教育改革，全力打造创新创业教育升级版。《教育部办公厅关于做好深化创新创业教育改革示范高校 2019 年度建设工作的通知》提出，要建设优质特色的创新创业课程，深入推进创新创业教育改革。党和国家领导人多次提到，高校要积极加大创新能力建设，大力推进协同创新进程。

2021 年，《国务院办公厅关于进一步支持大学生创新创业的指导意见》指出，大学生是大众创业万众创新的生力军，要深化高校创新创业教育改革，加强大学生创新创业服务平台建设，优化大学生创新创业环境，督促支持大学生创新创业各项政策的落实，将创新创业教育贯穿人才培养全过程，建立以创新创业为导向的新型人才培养模式。坚持创新引领创业、创业带动就业，提升人力资源素质，实现大学生更加充分更高质量就业。

二、始终推重"德育为先"，以多种形式扩宽德育内涵

（一）重视思政教育，全面恢复德育建设

在高等学校里，加强思想政治工作是贯彻德、智、体、美、劳全面发展的教育方针的体现，是德育的一项重要内容。

1986 年，何东昌围绕加强和改善学校的思想政治工作进行发言，指出高校的思想政治教育建设是重点问题，要通过完善学校的思想政治工作，推动人才培养的研究，实现建设社会主义物质文明和社会主义精神文明的总目标。其后，国家在《关于高等教育改革与发展的若干问题》《关于当前教育事业发展和改革的几个问题》等一系列政策文本中，都强调要加强和改进高等学校的思想政治工作，改进政治理论课的内容和教学方法，鼓励学生参加社会实践活动，并以此为基加强德育，实现培养"有理想、有道德、有文化、有纪律"、为人民服务的人才。

（二）以"两课"为基，浇筑高校德育以新内容

1995 年出台的《中国普通高等学校德育大纲（试行）》（以下简称《大纲》）继续对"两课"进行阐释，指出"马克思主义理论课和思想品德课是对学生系统进行思想政治教育的主渠道和基本环节，是每个学生的必修课程。要把'两课'作为重点课程来建设，不断改革'两课'的教学内容和方法，努力提高实效"。除此之外，《大纲》还对高校德育原则、德育途径等做了相应规定。

2018 年，教育部强调高校应加快构建德育为首、全面培养的教育体系，形成更高水平的人才培养体系。这一时期，高校思想政治教育不断细化，政治色彩逐渐淡化，在为社会主义市场经济服务的同时强调要促进学生的健康全面发展，更多关注学生自身的需求与发展。高校德育的革新，主要体现在以下两方面。

首先是"形势与政策"课程建设。如何在复杂多变的国际形势下继续推进改革开放和现代化建设，成为 21 世纪高校德育的工作重点。2002 年伊始，教育部结合当时面临的形势和主要任务，研究制定了高校"形势与政策"的教育教学要点，分为"国内形势与政策教育教学要点"与"国际形势与政策教育教学要点"上下两篇。此后，我国定期推出高校"形势与政策"教育教学要点，引导大学生与时俱进，正确把握国内外形势的新变化、新特点。

2018 年 4 月 12 日，教育部发布《关于加强新时代高校"形势与政策"课建设的若干意见》，规定高校应将"形势与政策"课纳入思想政治理论课管理体系，纳入学校教学计划。将"形势与政策"课程纳入高校思想政治理论教育的课程体系，丰富了课程体系的内容，发挥了"课程思政"作用，更切实加强了高校德育的实效。

其次是心理健康教育的加入。从科学化、规范化的角度出发，教育部自 2003 年起，就不断加强高校大学生心理健康教育工作，开展多种形式的教育与心理咨询工作。对于高校学生而言，仅具备精深的专业知识和熟练的专业技能是远远不够的，这些只能保证学生在学业评价上取得尚可的成绩，而不能作为学生全面发展的指标。无论是本科期间与教师、同学的相处，抑或是从校园迈入社会，在工作岗位上有所发展，良好的心理素质和健康水平都是不可或缺的关键要素，全面发展的人，是以心理的积极、健康为基底的。因此，关注大学生身心的和谐发展，成为高校德育的重要环节，也是我国高校人才培养的重要组成部分。

2017 年颁发的《高校思想政治工作质量提升工程实施纲要》将心理健康教育作为高校思想政治教育体系的一大模块。2018 年，《高等学校学生心理健康教育指导纲要》出台，要求构建"四位一体"的心理健康教育工作格局，即心理问题预防干预环节、心理健康课程教学、心理健康的社会实践及志愿服务、心理健康咨询服务四项合为一体，健全心理健康教育课程体系。此外，应完善高校的心理健康必修、选修与辅修课程体系，实现覆盖高校学生学习全程的心理健康教育。

（三）思想政治教育进网络

信息技术的迅速发展，为高校思想政治工作带来新的机遇。2000年起，一系列指示出台，要求各地教育部门要加强对思想政治教育进网络工作的领导、建设和管理。华中科技大学于2009年，通过抓好专职网络管理队伍、兼职网络思政队伍、学生骨干队伍，大力推进核心价值体系教育进网络；贵州大学于同年建立网络教学平台和教学资源中心，提高了大学生思想政治理论课教学效果。其后，西南大学、南京大学、兰州大学等高校不断探索网络思想政治教育的新模式，通过革新思想政治教育的运行方式，合理架构，整合资源，全面提高了大学生的思想政治教育科学化水平。

2017年12月，《高校思想政治工作质量提升工程实施纲要》出台，总结提炼出思想政治教育的"十大育人"体系，给高校德育以明确指导，第五项即"创新推动网络育人"，引导学生强化网络意识，提升网络文明素养，守护好网络精神家园。

新时期，高校利用网络新技术，不断拓宽思想政治教育的方式和途径，加强和改进网络内容建设，丰富和拓展了网络思想政治教育的载体。在新媒体中建立高校思想政治教育宣传平台等形式，一方面，给大学生提供了更多的交流空间与场所，有助于高校学生树立正确的世界观和价值观，建立与具备与时俱进的认识与技能；另一方面，是高校思想政治教育自身的创新与进步，是高校德育在新时期与新技术的良好缔结。

高校德育一直在我国高等教育人才培养模式中占据首位，有着不可替代的地位和作用，高校思想政治教育的建设与时代发展和政治背景紧密联系在一起。当前，高校紧抓立德树人根本任务，在理论研究和实践应用中都致力于给德育建设以新内涵，不仅推动了思想政治工作的进行，也提升了人才培养的力度。

三、逐步集构传授知识、培养能力与提高素质于一体的教学模式

实力结构是实力系统中各要素之间相对稳定的联系方式和比例关系。对

于学生而言，进入高校后，首先面对的也是最经常面对的即学科知识的学习，无论教学体系如何革新，知识的学习都是学生在高等教育阶段的主要任务。因此，高校学生的实力结构之一，便是对知识的学习、吸收、消化。通过课堂学习及实践活动等环节，学生逐渐具备发现问题、思考问题、解决问题，甚至将问题应用到实际生活中的能力，这些围绕专业知识、研究课题所习得的主要归属于操作层面的技能，统称为能力的提升，这就是学生实力结构的第二要素即能力要素。通过知识学习过程与技能锻炼过程而逐步融构的全面素质的提升，是实力结构中的第三个要素即素质要素。

四十多年来，我国高校的教学模式作为人才培养模式的重要环节与中心任务，一直进行着革新与重塑。知识、能力、素质作为学生实力结构的三要素，亦成为改革开放以来我国高校教学模式的组成部分。不同时期，教学过程对于三者的认识、诉求、看重程度有所变化，三要素之间关系的持续变化成为我国高校人才培养模式演进过程中的突出特征。总体而言，经由演变，我国高校逐渐形成了传授知识、培养能力与提高素质有机结合、融为一体的高校教学模式。

新时期，知识经济不断崛起，高校人才培养面临着更为严峻的形势，如何通过教学环节实现学生的全面提升是高校讨论的热点问题。知识快速更新，不断迭代，不论表征形式有何变化，其始终是教学模式中基本的任务诉求；高校学生的能力体系也不断丰富，学生通过不断思考、解决与应用问题，夯实知识基础，增强专业技能与应对实际问题的能力；提升学生素质则是教学的终极诉求，素质的提升，涵盖了知识的学习与能力的锻炼。就终极目的而言，学习知识、提升能力与提高素质都指向高校通过教学更好地培养社会所需的全面发展的高级专门人才。纵观四十多年人才培养模式的发展，我国逐步实现了由注重知识到注重能力，再到注重素质的教育模式的转换，有助于我国高校培养全面发展、具有综合素质的高层次人才。

第三节 高等教育人才培养模式发展的反思

一、我国高等教育人才培养模式发展存在的问题

（一）高等教育人才培养理念和目标更新不及时

理念作为理论、看法，通常是某一思维活动的结果。当与人才培养结合时，理念则多了一份指引与理想意味。"人才培养理念是培养主体关于人才培养的本质特征、目标价值、职能任务和活动原则等的理性认识，以及对人才培养的理想追求及其所形成的各种具体的教育观念"，人才培养理念常生发于培养过程之初，并在其后影响与引领整个人才培养的过程。

人才培养目标和理念都属于先导范畴，对于人才培养目标而言，其比理念更多一层现实意味，更直接地与具体的培养过程相联系。培养目标，对于培养主体的规模、质量即规格有一个更为确定化的标准，是确立培养理念之后、培养活动即将展开这两个环节中的节点，更直观地指导人才培养的全过程，是培养活动发生、发展的基本依据。

对于培养理念和培养目标而言，两者存在着环节上相互依存、高度上相互统一的关系。人才培养理念其后，是一套符合社会发展、大众认知的价值体系，从体系中将部分抽离并赋予培养主体，是理念在应然层面对培养全过程即包括培养目标的价值诉求和导向作用的体现。人才培养目标是在应然层面对培养理念做出进一步的落实与回应，也是培养活动全过程的统领性表达，并同时为后续的教育过程做尽可能简洁但恰当的规划。因此，理念与目标是培养过程的统领环节，是培养质量的时时保障，并与培养过程的最终完成度和完成效果息息相关。

进入 21 世纪，随着人工智能时代的到来，高校人才培养逐渐暴露出转型不及时、缺乏前瞻性的问题，其中人才培养理念和目标表现得尤为明显，即高等教育的人才培养理念和目标更新一直带有一定的滞后性。改革开放后，

我国的高校人才培养模式建立在对发达国家高等教育理念的模仿上，加之我国高等教育规模过于庞大，数量庞杂的学生队伍与强力竞争下的严峻就业形势使得高校在人才培养上呈现出片面追求数量与功利性的倾向，短期内培养大批量专才依旧是培养理念和培养目标的首要内容。人工智能时代，人才培养模式必须进行理念的厘清与目标的重组，避免与时代脱节及对人才培养造成直接不利影响。

伴随着数字化、智能化时代的到来，应用型、技术型人才的短缺不再单单出现在高科技产业，而是出现在与社会经济发展密切相关的多个领域中，因此高校的人才培养理念和目标务必要根据时代发展的步伐进行整合与设计，以满足经济发展的需求。

（二）高校专业布局偏离市场需求，欠缺应用性

目前，高校在扩大招生规模的同时，也暴露出培养体系与社会脱节，不能与市场需求相适应的问题。如果高等教育的专业设置没有及时跟上社会经济的更新迭代及产业结构调整的步伐，那么必然导致培养出的大学生无法满足市场需求。

1. 专业设置重复度高，趋同现象严重

当前，高校专业设置的趋同化已成为我国高等教育大局中日益加剧的现象与问题，其中，重复的专业主要集中在文科和管理类专业。部分学校基于自身专业布局片面求全、求大的需求，为迎合地方政策对学校转型的急切呼吁，在未对专业进行足够细致、科学的了解的情况下，就匆忙设立专业，随后便进行专业招生与专业教师队伍的组建工作。这些文科性质的专业往往设立成本较低，筹备与建立的周期较短。

2. 专业结构失衡，未能良好观照社会需求

高校专业结构的失衡，集中表现为应用型人才有效供给不足、社会所谓"热门"专业低水平重复、大量毕业生就业困难等，最终会阻碍高校人才培养的进程与效率，造成高校人力资源的浪费。

我国高校类型丰富，不同类型的高校有其培养人才的不同指向，在专业

结构布局上也应有所不同，对不同专业有着不同程度的需求。例如，囊括多学科学术知识的综合类高校一般具有相当数量的文、理专业，理工类大学以理科专业、工科专业为主，医药类大学以中医、西医专业为主。

高校丰富专业设置本无可厚非，但将目光过多聚焦于热点专业与短期利益回报较大的专业，忽视自身的院校特色与现实基础便进行专业的更新、替换与布局，就会导致人才的培养缺乏根基，学生的就业与社会需求相脱节，是舍本逐末之举，不应鼓励。

（三）课程结构有所失衡，课程内容相对固化

首先，课程结构的失衡表现为对分科课程的重视及对综合课程的轻视。在高校课程中，常见的是学科按照门类自分一派，不同课程间的内容、知识架构比较分裂，很难帮助学生获得完整的知识体系。实际上，不同学科间皆有程度或高或低的关联，知识逻辑从本质而言也都是相关且互补的。在高校重分科、轻综合的课程设置结构之下，学生很难真正了解到单科知识彼此间的相关性，难以在对知识的次接触、记忆、理解中将学科知识融会贯通，建立相对立体、多维的知识框架。

课程结构的失衡还表现为对理论的持续推重及对技能掌握的轻视，这种取向的后果直观地表现为学生的实践能力得不到锻炼，专业技能有所欠缺。在我国高校的人才培养方案中，理论课程随处可见，技能课程却严重不足，技能课程往往缺乏独立体系，也就影响了学生习得技能的持续性与可操作性。这种重理论、轻技能的课程培育出的学生往往实践技能匮乏、创新理念薄弱，主体性、创造性等个性要素也都在一定程度上被压抑。

其次，课程体系还暴露出教材内容较为僵化的问题。学生是课程内容实施过程中的直接参与者，属主体地位。课程内容应当根据社会发展的样态不断进行调适与补充，应不断对学科知识加以更新，防止学生所学知识与社会发展出现脱节与滞后。然而，我国高校当前的课程存在着教材内容较为滞后、教材版本更新频率不高、教材使用缺乏活力等问题。

首先，教材内容僵化的问题表现为教材内容较为滞后。教材是课程内容

教授的关键载体，对教材及时推陈出新是保障、延续课程生命力的关键所在。因教材篇幅有限，部分高校存在着压缩学科知识内容甚至择选出高度抽象知识作为教材内容的现象，造成了学生学习激情和兴趣的缺失。其次，该问题还表现为我国高校教材的更新速度滞后，更新频率不高，且因教材的编撰者人数较少，也使得教材新旧版本间的差异与变化并不明显。最后，教材内容的相对老旧、可选取教材的类别相对单一，都直接或间接地影响了教师对教材使用的积极性与活力。总体而言，我国高校在教材的编撰、修订、讲授上，容易忽视学生的群体特征及发展诉求，阻碍了学生对学习内容的自主选择、独立思考与创新创造，影响了学生的专业技能锻炼与实践能力培养。

（四）就业服务体系缺位，制约高校人力资源流动

就业在高等教育人才培养模式中起着承先启后的重要作用，衔接学校与社会，是学生从高校迈入社会的必经环节。通过对人才培养模式中就业制度变迁历程的回顾，不难发现自改革开放至今，我国的高校就业制度从"统包统分"的集中配置模式发展为当前的"自主择业"和"鼓励创业"，更具市场化特征，建设已日臻完善。但同时也应看到，高校毕业生就业制度在不断的迭代演变中，也暴露出一些问题，集中反映在如下三方面。

第一，从各高校对就业创业教育的实施来看，职业生涯规划系列课程的科学性、实效性、质量还有待提高。尽管早在2012年，国家就要求各高校将就业创业教育的相关内容纳入必修课体系之中，并要明确课程的相应学时及对应学分，但部分院校在设定就业创业课程的实施方案时，普遍缺乏与学校文化、专业特色的结合，课程类别、授课内容多有雷同。而且在实际授课过程中，过分注重对业已成体系的国外、国内就业理论知识的讲授，而较少讲授实习技巧、各职业优劣比较、求职心理调适、不同职业发展前景等与高校学生就业更为贴近的应用性知识，在一定程度上也就忽视了对学生实际的创业、就业能力的培养。

第二，创新创业制度建设实效不足。对大学生自主创新创业进行鼓励与助推，对于实现毕业生充分就业、消纳待业毕业生、拓展全社会就业机会意

义非凡。大学生创业可从源头促进我国经济社会发展，以创新创业带动产业升级及经济结构优化，对提高我国整体的创新能力、丰富创新成果也同样具有战略意义。

第三，就业信息咨询和指导服务机制不健全。尽管近些年来，全国各高校的就业信息咨询和指导服务已经有序地开展起来，但仍存在一些问题，如信息渠道不够畅通、就业信息滞后、服务不规范等。

二、我国高等教育人才培养模式发展的未来展望

（一）更新培养理念与目标，培养创新型、复合型人才

新发展阶段，我国既要发展高水平研究型大学，也要发展应用型大学，不同层次的高校都要追求卓越、办出特色，要与时俱进，掌握符合时代发展潮流的新理念、新思想，培养足量的基础型、学术型人才。在人才培养理念与目标的设定上，高校应以立德树人理念、终身教育理念、内涵式发展理念为指导，加大力度培养多规格、多样化的创新型、复合型人才。

1. 确立立德树人理念，实现人才的全面发展

就我国高等教育而言，要从三个方面落实立德树人，实现人的全面发展。首先，高校务必坚定“以文化人、以德育人”的理念，实现大学生人格的全方位发展。注重发挥高等教育育人和化人的重要作用，凸显其在人格塑造方面的关键作用，把文化育人和实现自由发展、个性展示紧密结合，从而逐渐实现学生自我人格的发展与完善。其次，高等教育中的人才培养目标是要通过高校教育来培养在德、智、体、美、劳各方面全面发展的人才。人才培养方面应尤其突出人格魅力的塑造与思想品德的教育，实现人格塑造与能力培养的充分结合，从而培育出具有高尚品德与较高综合素质的高水平人才。最后，高校要更新育人模式，从重视“教”转向重视“育”，努力为学生配置最优质的教育资源。

2. 确立终身教育理念，提高人才终身向学的能力

终身教育理念是在人类社会结构向知识型社会结构转变的大背景下酝酿

出的一种新型教育理念。当前，以往的学校教育已不能完全满足人们对知识和技能的更高追求，因此改革创新教育观念与理论势在必行。

基于终身学习的新理念，应当在以下两个方面推进我国终身教育的实现。首先，推进终身教育实施主体的建设，不断重组现有教育资源，将各级各类的教育与终身教育理念进行充分融合，不仅包括正规学校教育系统，也包含各级各类的教育机构和教育组织，与此同时，还要重点在全社会范围内构建终身学习网络。其次，要加强终身教育体系的建构，助推各地开放大学的系统建设，着重依托开放大学系统，依照终身教育理念，将终身学习体系与学校连接起来。

3. 确立内涵式发展理念，提升人才综合素养

教育部 2018 年印发了《关于加快建设高水平本科教育全面提高人才培养能力的意见》，文件指出，"高等教育内涵发展就是要不断减少外部膨胀与扩张，通过自身优化和质量提升实现其良性发展"，为高等教育指明了走内涵式发展道路的方向。

当前的首要任务就是对专业结构与人才培养模式进行优化，从而不断提高高校的办学水准，提升教学水平，增加人才培养的适切性等。此外，人才培养水平的提高也是内涵式发展理念的核心之一，这便需要着重对以下三个方面进行不断完善：其一，科学化人才培养质量观的树立，强化以人才培养为中心的理念，一切工作以学生的健康成长为目标展开；其二，新时期、新型人才培养观的树立，保证人才培养与教育现代化的标准和要求相适应，真正保障、优化人才效益的最优化；其三，要制定面向社会新需求的人才培养模式，整合不同专业与学科，加强专业与专业、学科与学科间的有效交流，注重对高校学生学科素养、实际能力的双重培养，从而真正提升我国人才培养质量。

（二）有机调整高校专业布局，增强专业设置实际效用

1. 突出优势专业，优化专业结构

每一所高校，都由多个学院（包括独立学院）组成，院校则由多个招生

专业构成。国家通常对高校的学科专业进行总体排名,各省市内部又有重点专业、特色专业、优势专业等项目的评定,究其实质,都是对各高校专业实力的一项评估,也是对高校内部多个专业进行了一个从优到弱的排序。一般情况下,院校都有其特色专业、优势专业,这些专业往往有着较为久远的历史、较为雄厚的理论根基,其下学科划分完备且齐全,是学院发展的主线及优势所在。因此,对于高校优势专业,学校首先应集中力量对其进行规模和质量的保持与巩固,应配备教学与科研水平都较为突出的教师队伍以促进专业的成果产出,加大资金支持力度为专业的发展保驾护航,以期最终培养大量的具备高理论水平、高素质的专业人才,不仅可以对学校的整体发展起到助推作用,还可以更好地为社会经济发展贡献力量。

其次,在保障优势专业、特色专业发展的前提下,应推动优势专业对相关专业的带动和扶持。以东北电力大学为例,电力系统及自动化专业为其建校之初就存在的老牌专业,且一直保持较高的专业水准与较多的成果产出,专业培养学生数量也是学院第一。在此基础上,学校大力加强此专业与电信、电子信息工程等专业的合作与交流,加强这几个专业师资队伍的建设、实验器材与硬件设备的共享,大大提升了人才培养的总体质量水平,提升了院校在地方招生的吸引力和就业的竞争力。

2. 突出社会本位价值取向,以市场需求为导向

政府和大学必须从宏观上把握社会经济发展对专业人才的需求。当前,高校专业人才培养应树立社会本位的价值取向,根据经济发展和社会的动态变化设置专业。

首先,要面向地方、依据市场设置专业。面向地方是指学校应与地方建立良好的、互惠互利的合作关系,在与当地企业、相关行业单位的日常交往中,即可得知企业对毕业生的需求、所提供岗位的数目和类别,以及如何推进实习及招聘工作的开展。依据市场设置专业指的是根据对当地经济及企业需求的了解,从就业这一环节向前推演,为高校的专业设置提供合理、可靠的依据,促进专业结构的优化,从而保证学生可以真正发挥专业所学,将专业知识、专业技能应用于日后的职业发展。

其次，高校在设置新专业时应具有前瞻性。大学人才培养周期的缓慢性决定了高校的人才培养类型相较于市场始终具有一定的"滞后性"。因此，在国家政策不断强调要将专业设置权下放给高校的政策背景下，高校应基于教育部门合理的宏观调控，有预见性地调整与设置高校专业布局，进行高素质、应用型人才的培养，保证人才培养的质量。

（三）立足学生需求，搭建科学灵活的教学与课程体系

1. 优化教学内容与方法，重视学生能力培养

当前，我国高校学生的学业质量、课堂效率还有较大的提升空间，要对教学的内容与方法进行更新与优化。

传统的高校教学以专业书本为主要载体，教学内容不仅相对陈旧，也较为局限。部分本土学科在制定、编排教科书时，难以真正突破旧有教学内容的框架，只是在边角知识、少量文章的取用上有所变动。因此，长期以来，学生的学习体系较为固定、鲜有变化的学科知识，与日新月异的社会经济、政治、文化生活难以做到良好衔接，也影响学生的学习兴趣。对于部分理工学科，其教学内容的整体架构依旧移植自国外较为先进的学科知识编排，学科内容与我国学生的成长环境、国内文化氛围、学校可操作的硬件设施相悖。课堂讲授基于教材，通过知识学习，最重要的是要让学生善于发现问题、思考问题并探索实践。因此，在教学内容方面，不仅应紧跟时代发展，将时事变化与国际形势的演进与学科知识进行有机融合，还要随时牢记将教学内容扎根我国优秀传统文化的土壤，以此建立带有中国特色的、完备的教学内容体系，对开阔学生视野、拓宽研究思路、培养辩证思考的能力有深远意义。

在教学方法上，除应推动高校教师进行更高质量的讲授与灵活运用多种教学方法外，当前教学方法变革的重点应放在对现代化教学方法巧妙、适度、高效的应用上。当前，由大数据、互联网、人工智能等构建的课堂日趋活跃与高效，在较为传统的课堂教学模式中，要善于运用如翻转课堂、慕课等现代化的教学形式与知识载体，实现线上与线下教学的良好搭配与混合。应同时注意，要引导学生把握好教育时机和载体运用的尺度，对现代科技保持理

102

智和谨慎，让资源和技术作为辅助手段出现在学习过程中。在信息化时代，应充分利用信息技术探索成体系的、跨学科领域的知识，提高获取知识的效率，提升自主学习意识与问题探究能力。

2. 以学生发展为核心，创设"生态式"课堂模式

"生态式"课堂模式有着极为丰富的内涵，不仅重视学生知识的学习，更重视对学生专业技能、心理健康、社会情理等方面的塑造，由此来达到培养出"完整的人"的生态式教育目标。

高校"生态式"课堂模式重视构建平等、和谐的师生关系。传统教育中教师话语权的膨胀及学生话语权的失落，形成了教师与学生间的关系不平等，即教师教、学生学的上下位关系。要想实现教学过程的顺畅、高效和知识的有效传递，师生间的平等交流必不可少。在生态视域下，师生互相尊重、平等相待，通过课堂逐渐形成对话式的、充满爱心的双向交流关系，保证学生在整个教学过程中的发言权及主动性。

高校"生态式"课堂模式以兴趣为基准进行课程设置，不以课本为唯一纲要。此类课程设置注重淡化学科间的界限，融合多学科的内容，使学生建立立体、有机的知识体系，培养学生的跨学科研究能力。在课堂教学中，重视人文学科知识的讲授，增强高校学生对优秀传统文化的了解与传承，引导学生关心人的价值，以找寻人生意义为研究和创造主题，培养学生的人文精神。同时，注重对自然科学知识的讲解及对自然界科学规律的探索，培养学生的逻辑思维。

（四）多措并举促进就业创业教育，增强学生就业竞争力

1. 积极完善职业生涯规划课程

为了更好地提升学生对于市场机制的适应性，高校应以社会总发展目标为价值定位，以强化毕业生就业核心竞争力为出发点，时刻指导本科阶段学生的培养过程。高校应以学生的职业生涯辅导为抓手，完善职业生涯发展规划课程，将其纳入高校教学计划，建立贯穿整个大学教育阶段的职业发展和就业指导课程体系。

在课程设置上，高校应主动迎合市场经济发展新形势下对人才培养的需求，深入挖掘经济社会发展的难点、痛点，"对症下药"革新课程体系。对于不同年级的学生，职业生涯规划课程有着不同的侧重点，内容、授课方式等也相应有所调整。

一年级的学生处于自我探索期，因此对其进行规划课程的目的主要在于开发其对于个体兴趣、特长的自我认知，树立正确的就业观念。通过在课堂上进行专题报告和师生交流，帮助新生深入地认识所学专业的特点，明确学习任务和发展方向。

二年级的学生处于拓展职业生涯视野的阶段，因此在课程中应主要进行各类职业的介绍，以及基本职业政策的解读，帮助学生尽可能了解感兴趣的多类型职业的全貌、认识职业环境，并基于对职业的了解，开始着手进行职业技能的基本训练。教师可以通过丰富的教学活动为学生搭建提升职业素质的平台，在寓教于乐的环境中强化学生的就业能力，为学生提供锻炼成长的机会。

三年级的学生已能够初步缩小职业选择的范围，规划课程的目的主要是让学生进一步锻炼职业要求的相关能力，能够掌握既顺应专业发展又符合职业要求的专门技能，提升求职技巧。在这一时期，学校应注重开展个性化的职业生涯咨询，通过团体辅导、面对面咨询等方式，帮助有职业生涯困惑的学生寻求合适的发展路径，增强个体职业生涯决策的能力。

毕业年级的学生则处于就业决策的阶段，迫切需要提高求职技能，广泛搜索职业信息，寻找工作机会，并对目标职业采取及时的行动。这一阶段，应以实习实践为重点，引导学生进行实习训练和就业的实战演练，在学校内部建立以见习基地为平台，以就业项目为依托的工作布局。首先，要鼓励学生在实习实践中查找不足，完善个人职业发展规划。其次，应积极帮助学生在实践中寻找个人目标职业的模范人物，运用榜样的力量实现学生个体在大学期间与理想职业工作人员的良好"互动"，从而引导学生将专业学习、职业倾向与为社会服务更好地衔接起来。

高校完善职业生涯规划课程，要结合当前国家对创新型人才的热切需求，在尊重学生身心发展规律的基础上，增设实践性的课程内容，灵活运用教学方法，从而培养大学生的实践能力和适应社会的能力，为新时期大学生的灵活择业、就业夯基固本。

2. 持续推进创业带动就业

稳定和扩大就业，是高校工作的重点；促进毕业生创业，又是促进高校就业工作的关键节点。进一步完善高校创业的制度建设，促进学生实现更加灵活、更加充足、更高质量的就业，可以更好地为构建以国内大循环为主体、国内国际双循环相互促进的新发展格局服务。高校要响应国家"大众创业、万众创新"的号召，在相关政策的指导下，大力倡导创业精神，以多种形式开展创业教育，培养学生的创业能力。

第一，应抓好创业政策的落实。就业环境瞬息万变，要想站在宏观的角度对专业前景、职业需求度等内容有所把握，就离不开政策的信息归纳与提供。高校应加强就业创业政策的宣传与解读，帮助高校毕业生及时了解政策、良好运用政策。此外，高校学生对于创业的布局往往过于微观，对创业所需的专业技能、行业知识、设施条件、人力资源等缺乏认知，也没有清晰、明确的创业计划，因此容易盲目决策，遭受损失。高校要综合运用人力资源市场供求的监测、大数据分析等手段，为学生提供最新市场动态的信息，并且要密切追踪高校毕业生创业的情况和数据，及时采取科学的、有针对性的政策措施，努力提高学生创业的成功率。

第二，多渠道加强创业指导与创业服务。首先，善用互联网思维，加快发展"互联网＋"创业网络体系。高校要在政策精神的指导下，协同有关部门落实大学生创业优惠政策，加大"双创"的支持力度，继续举办中国国际"互联网＋"大学生创新创业大赛。其次，组织开展"高校毕业生创业服务专项活动"，发挥创业孵化基地作用，推动各类创新创业大赛的获奖项目持续发展、落地见效，带动更多毕业生实现科学性创业就业。最后，高校应将毕业生的创业培训工作纳入总体规划，建立以学校、企业共同作为主体的实训基地，开展适合高校毕业生的创业实训。通过实习与训练，培训具备专业技能、创业基本能力的大批量人才，并通过对学生实习、训练情况的总结，及时推广高校毕业生创业的典型和经验，鼓励学生积极创新，扎实创业。

3. 强化精准就业指导服务

长期以来，我国高校的就业服务体系一直处于较为边缘的地带，就业指导服务形式化严重，与学生需求脱节，不能为学生提供切实的就业指导和帮助，相关的就业咨询、就业指导、技能培训多流于形式。

在就业工作逐渐强调精准化的背景下，就业服务工作应趋于以学生为出发点和落脚点，满足学生的多样化需求。首先，高校应不断细化摸排调研学生的就业意愿，制定有针对性的就业指导。这是高校就业指导工作的第一步，能够从宏观上对学生的就业志向有所了解与掌握，精准把握学生的就业意向与动态。其次，在就业指导的方式方法上，要学会运用互联网思维，依托"互联网+"，强化数字化系统、大数据技术的开发利用，以数据分析助力、指导学生就业。高校应进行手机 App、小程序、社交软件等的开发利用，将招考信息、政策解读、面试技巧等通过客户端及时下发至高校大学生，便于学生快速了解与学习。最后，在就业指导的活动方面，学校可以聘请行业优秀专家、学校优秀毕业生、行业先进工作代表等开展就业交流培训，引领学生进入沉浸式的就业指导氛围中，逐步形成横向协同、纵向贯通的良性就业指导体系。

总而言之，我国高校应着力构建整体布局、精准指导、专业服务"三位一体"的就业指导服务体系，将就业指导贯穿高校学生的学习全过程。同时，还应打造多面立体的就业服务渠道，不断提升就业、创业的指导服务质量，为毕业生的职业生涯开好局、起好步。高校应以服务国家人才强国战略需求为目标，推动精准就业指导工作的不断深化，为我国的未来发展培养更多复合型、创新型人才，不断助推国家发展与民族复兴。

第五章　智能时代高等教育的挑战与需求

第一节　智能时代对高等教育的需求

人工智能和机器人的发展是人类历史上的又一次技术变革，技术的革新将引发社会结构的剧烈调整。人工智能所带来的经济效益并不是均匀的，它既会取代部分人的工作，又会提升部分人的生产力。然而，高等教育培养的人才是这一切的核心环节。

一、教学设置变化需求

（一）构建新的教育体系

智能技术的快速发展使大量知识和数据得以快速迭代，但教育制度和教师的知识结构、教学习惯、教育观念的转变需要较长的时间和过程，相关教育体系难以跟上知识体系的更新步伐，显得力不从心。因此，需要加快改革教育体系，使之适应智能时代的发展需求，要将人工智能服务嵌入教育业务流程中，创新教育模式，构建新的教育流程和教育结构，以充分发挥人工智能在教育中的作用。借助人工智能，将当前"以教师为主"的工业化教育模式转变为"以学习者为主"的智能化教育模式。探索和完善新的教学体系，加快构建智能教育和人才培养体系，构建虚实互动、平行执行的平行智能教学体系和平行教育体系，构建在线学校社群，建立客观、科学的学生综合素质评价系统等。

（二）教育资源、内容更新

技术的发展使教育方式得以不断更新，移动互联网、大数据、云计算、物联网等新型技术已逐渐融入当下学校的教育手段中，成为新型工具的一部分。相比之下，教育资源和内容的更新显得有些滞后。因此，要进一步关注新型教育资源的开发，在鼓励企业或教育机构研发新型智能化平台的同时，关注教学与教育管理过程中丰富的多源异构数据、信息和知识。通过解析学生的学习行为和教师的教学行为，构建学习者学习模型、教师教学模型、相关知识图谱、数字系统等，制作教学过程数字影像，实现精准教学和绩效测评等。

（三）推动校企合作

目前，人工智能的发展正处于从实验室走向市场的关键阶段，急需大量应用型人才，校企合作作为培养应用型人才的一种有效途径，是解决这一领域应用型人才缺口的重要方式。企业可通过与学校合作办学的方式，使产业知识融入基础学科知识，如企业与学校共建人工智能专业，设置人工智能相关学科课程和人才培养方案，参与学校实验室与配套环境的建设。学校教师和学生则可通过参与解决企业在产业发展过程中遇到的相关问题，而将学科知识运用于实践，实现理论与应用相结合。

二、人才需求

（一）人工智能领域劳动力需求

人工智能的发展必然引起人工智能相关专业的增设。新技术可以消除岗位，但不能消除工作。约翰·梅纳德·凯恩斯（John Maynard Keynes）在《我们后代的经济前景》中，将这种情形称为"技术性失业"：一种适应不良导致的短暂过程，也是人类发现节省劳动力方法的速度超过发现劳动力新用途的速度的结果。在历史上，美国铁路的机器化运动造成了近50万工人失业。机器化收割、耕种与联合农业取代了传统农场工人。百年前的岗位只有很少保留到现在，但人们并没有因大量岗位的消逝而找不到工作。19世纪末，美国有一半的劳动力从事农业工作。现在这个比例不到2%，但美国并未多出百分之四十几的失业率。新技术不仅提升了农业劳动力的生产力，还为多余的劳动力催生出新的工作。

人工智能和机器人技术的发展引发了庞大的劳动力需求。领英发布的《全球 AI 领域人才报告》显示，在过去几年，全球人工智能人才的需求量以两倍以上的速度逐年递增，全球人工智能人才储备缺口巨大。除技术开发外，人工智能还将催生众多辅助型职业，比如人造人格设计师、数据标记员等。被替代的低技能劳动力将有很多机会获取新工作，前提是他们接受新的技术培训。

牛津大学的研究发现，美国有 47 % 的工作有很高的可能性会在不久后被"计算机资本取代"。美国美林银行的报告也预测，2025 年以前，人工智能"每年产生的创造性破坏的影响"可能会达到 14 万亿～ 33 万亿美元。麦肯锡全球研究院同样承认：人工智能正在促使社会发生转变，这种转变比工业革命发生的速度快 10 倍，规模大 300 倍，影响几乎大 3000 倍。但风险同样意味着机遇，正如工业革命没有减少人们的工作，人工智能也将会创造新的岗位。

实际上，工作岗位只是发生了结构上的调整。工作岗位正在分化为两种常规职业：一种是高薪水、高技术的职业（建筑师、高级管理）；另一种是低薪水、低技术的职业（清洁工、快餐员）。也就是说，中层技术的工作（如制造业）正在消失，而低层和高层工作在扩张，经济学家所担心的也只是"职业两极化"的风险。随着更多工作自动化，这种趋势很可能会延续下去。人工智能不会导致大规模失业，但它会像之前的技术扰乱劳动力市场一样，要求工作者比以往更快地学习新技能。自动柜员机（ATM）并没有摧毁银行的岗位，而是改变了银行雇员的工作组合，让他们远离了日常任务，进入机器不能做的销售和客服领域。

（二）人工智能领域高技能、高创造性人才需求

在 2008 年金融危机期间，美国联合通讯社的调查显示，之后的五年，西方国家无数的工作岗位会消失，但更严峻的是，大多数工作将不会回来，这个数字将达到百万。它们正在被技术消除。数年之后，那些在电脑及其他机器设备上运行的软件将会变得更加复杂，这些软件功能强大，并且可以更

加有效率地完成那些以前只属于人类的任务。

波士顿咨询公司的一项最新研究指出，机器人现在完成着制造业中10％的工作，而在2025年之前，这一比例将上升到25％。零售业巨头亚马逊"雇佣"了15 000个仓储机器人从仓库或集装箱往外搬运东西；很多酒店使用机器人进行前台服务和房间清洁。机器的确对劳动力形成了压迫，有很多领域失去的就业机会比它们创造的更多。

技术进步在其飞奔向前的过程中注定会把一些人，也可能是许多人抛在身后。但是自动化同时也带来了很多显而易见的好处，比如提高了药物生产的速度，加强了高速公路的安全，提高了医药诊断的精确度，降低了材料成本，提高了能源利用率。

智能时代要求大学在人才培养上提升质量。新技术的支持使得菜单式、个性化人才培养方案有了可能。卡尔·贝内迪克特·弗雷（Carl Benedikt Frey）和迈克尔·奥斯本（Michael Osborne）在牛津大学的研究显示，在自动化和人工智能时代，创意/创造性、社交技能/情商，对于劳动者来说最为重要。1993年，麦肯锡公司的员工中有67％是工商管理硕士（MBA），2003年这个比例已经降到了41％。麦肯锡意识到，客户已经厌烦那些充满各式表格和数据的传统研究报告，要说服他们，得用更加艺术化和更吸引人的方式，于是招聘了越来越多的艺术硕士（MFA）来帮助员工润色报告。研究预测：未来十年，律师助理会大批下岗，但律师会越来越吃香；演员依然独一无二，他们需要在把握不同角色的关系中，通过表情和肢体动作来展现情感和个性的广度和深度，这些都是人工智能目前无法企及的；尽管各种自动化写作软件层出不穷，但那些擅长撰写深度报道的记者依然稀缺。

简言之，那些需要艺术、直觉、灵感和高度性格化、涉及人际沟通及情感交流的职业面对人工智能的风险敞口较小，而具备娴熟社交技能和充满创意的人将是今后十年的大赢家。未来每部署一个机器人，会创造出3.6个岗位。高技能型劳动力的需求将呈上升趋势。

其一，高技能型岗位不会受到人工智能的大规模影响。人工智能基于深度学习的算法在理解语言、图像方面的能力还略显不足，当前也不具备跨领域综合考虑问题的能力。一些需要应对动态环境的任务及创造性任务尚未或者根本无法实现自动化，比如教师授课、画家作画。其实，当前本科或更高学历的人所从事的工作几乎都不能完全自动化。

其二，某些旧岗位增添与人工智能相关的新内容。其他行业中未被完全自动化的旧岗位将与人工智能结合，从而需要添设新的职位。比如，金融行业中专注于人工智能领域的投资分析师、机器人产品销售和品质管理岗。

其三，某些旧的职业因人工智能的发展而产生更大的需求，如高端服务行业岗位。人工智能将带来生活水平的飞跃，对高端个性化服务的需求会激增，精神方面的提升需求也会被放大。根据麦肯锡全球研究院预测，创意工作、技术类工程师、管理类及社会互动类的岗位需求将会明显增长。

（三）人工智能实用性人才的需求

在人工智能的初期阶段，开发工作至关重要，它跨越多个行业和技能水平。最直观的现象是，将这些能力投入现实世界实际使用的高技能软件开发人员和工程师的需求可能会非常大。此外，人工智能在一定程度上其实与其背后的数据一样。因此，生成、收集和管理相关数据以满足人工智能培训流程的工作的需求可能会增加。

2018 年，斯坦福全球 AI 报告显示，近几年，社会需要的人工智能相关人才大幅度增加，目前对有机器学习技能的人才需求最大，其次是深度学习。机器学习人才的需求也是这两年增长速度最快的。

（四）人工智能风控人才的需求

人工智能有可能带来一些安全问题。因此，监督人工智能健康发展，为人工智能安全建立防护保障机制，制定人工智能伦理准则是当务之急，也是将来智能社会运转的重中之重。这方面的人才负责所有与人工智能的监控、许可和修复相关的工作。在特殊、边缘或高风险案例（比如无人驾驶）中，需要对人工智能进行实时监督，尤其是在涉及人工智能可能缺乏道德、伦理和社会智能的情况下，应确保它不偏离预期用途。随着机器变得更加智能且对环境做出实际预测的能力得到提高，人类判断的价值也会增加，因为它将成为解决各项优先事项的首选方式。

（五）新模式转变人才的需求

人工智能的技术创新必然会重塑社会多方面环境的运转模式。比如在医疗方面，全球人工智能顶级会议神经信息处理系统大会（NIPS）基金会主席特伦斯·谢诺夫斯基（Terrence Sejnowski）曾在其新书《深度学习：智能时代的核心驱动力量》中预测：基于大数据的深度学习将改变医疗行业，对疾病提供更快速、准确的诊断和治疗，甚至未来癌症将变得不再可怕。又如在商业领域，人工智能与商业大数据的结合，使商家可以更好地获得客户的完整画像，通过前瞻性的预见来改善客户服务，实现一种通过一系列界面设计和基础设施投入，赋能于顾客需求场景中的价值创造者并将其与顾客互动的新型平台模式。交通出行、信息交流传播等方面都已经开始向新模式转变。

倘若无人驾驶得以普及，那么基础的交通设施和交通法律必然要发生显著变动，从而导致社会对城市规划者和设计者的需求倍增。这种情况在医疗、法律等服务领域是一样的。再考虑诸如网络安全等邻近领域内的模式转变，可能会产生对检测欺诈性交易和消息的新方法的需求，使新的职业或更多的就业成为必要。

（六）具有批判性思维和独立思考能力的人才需求

在人工智能时代，知识是开放的，随时随地可查找、可检索，人工智能不能代替学习，因为知识的力量在于知识的系统性。人工智能导致低阶认知技能的重要性下降，如记忆、复述、再现等，这些初级信息加工任务将更多地被机器代替，而高阶认知能力的重要性会更加凸显，如识别问题、逻辑推理、自我反思等。简单地说，今天人类记载的全部知识，是数千年来人类对世界全部观察的积累。这些知识通过口传、手工抄写的羊皮书、印刷技术、广播电视、互联网等媒介技术连接在一起。所以，当一个孩子坐在教室里拿起书本的时候，他是在跟人类的整体经验进行对话。这是一项绝对无法得到充分实现的任务，每个人所接触到的都只是整体经验的零星部分，所能探测到的其实只是自己周围很少的真实信息，而这些少量的信息是极易被扭曲的。个体的学习其实是以个人经验跟人类的知识、规则对话，并在碰撞中融入社会合作，借以实现个人生存和发展的过程。在这个过程中，我们需要保有应对错误信息的能力，也就是所谓的高阶认知能力。

批判性思维是能够对事物进行理性推理的能力。独立思考能力就是利用批判性思维对待他人主张的能力。强人工智能在设想中具有和人类一样的自主思考能力，甚至当前的弱人工智能也可以为人们提供各种咨询建议。人工智能在实质上完全取代人类进行知识和思想的生产，是它对人类的最高层次的威胁。智能时代的人们需要保护自身存在的价值。

面对机器人可能给人类社会带来的各种安全、伦理道德、法律问题，人们需要具备独立思考的能力来明辨是非。没有什么能力是贴有人工智能时代专属标签的。随着时代的发展，人类已有的知识和经验将变得不重要，而培养学生的综合素质、高阶思维、创新能力等，这些要求无论在哪个时代都是需要的、共通的、不会过时的。

人工智能将为培养学生的独立特性提供新工具。人工智能的支持使得菜单式、个性化人才培养方案有了可能。学生主动选择专业和课程的可能性大大增加，这种选择能力和主动学习能力将成为新一代大学生的主要能力。为了适应这种个性化人才培养，大学应进一步突破人才培养方面专业和院系的限制，加强教学综合管理能力。

（七）具有新工科素养和数字能力的人才需求

当今世界范围内的新一轮科技革命和产业变革，无论是人类智能还是人工智能，个体智能还是群体智能，都是在提升创新驱动发展源头的供给能力。多学科门类的交叉渗透助推了"智能科学与技术"的发展。计算机科学与技术、电子科学与技术、控制科学与工程、神经学、语言学和应用语言学等起到了极大的作用。当前，不仅是智能及智能工具，还有具有创新创业思维、态度、技能和知识的新型工程技术人才，都是先进社会最重要的经济动能。

在高等教育机构中，传统工科的课程设置尚未充分体现与创新创业思维、态度、技能和知识相关的内容。识别并利用新的市场机会、理解市场或消费者需求、创新商业模式、进行市场研究等与创新创业密切相关的技能和知识，在很大程度上被排除在传统工科课程和教学大纲以外。"新工科"是当前技术创新驱动的人类社会、经济发展背景下对传统工科、理科知识的重构，也是科学、人文、工程等知识领域的交叉融合，以培养人文科学和工程领域具有全球视野、领导能力和实践能力的复合型、综合型领袖人才。

互联网正迅速瓦解着人为建立起来的学科体系，为不同学科、不同层次知识的贯通和综合创造条件。人类社会面临越来越多的复杂情境和复杂问题，解决这些问题也依赖知识的综合运用，单一学科的知识已经力有不逮，学科综合才是智能时代教育的发展方向。美国的 STEM（科学 science，技术 technology，工程 engineering，数学 mathematics）综合教育计划也正是在这样的背景下提出的，它与传统的分科教育是完全不同的理念和方法。

数字能力指的是数字理论知识和数字技能。智能时代也是数字时代，智能时代的经济更是数字经济。智能时代的社会活动几乎全部和数字化相关。数字理论知识是尖端学科深度交叉融合后的新工科知识，这些尖端学科有机器学习（深度学习）、算法研究、芯片制造、图像识别、自然语言处理、语音识别等。此外，数字能力还应包含数字技能和计算思维。数字技能是数据分析、软件编程等能力，可以帮助人们运用人工智能，是智能社会人机协作的基础能力。

在智能时代，一是智能把人从简单劳动中解放出来，二是通过智能提高人的潜能。人类让大脑做大脑擅长的事情，让人工智能来做其擅长的工作。人依然是智能世界的主宰，但是人有可能被机器领导。计算思维是智能化社会公民的重要素养，让所有学习者都能参与并提升校内外学习体验，使其成为全球网络社会中积极并具有创造力、渊博知识和道德规范的参与者，将创造力放在学习目标的首要位置。编程能力也是智能化社会公民的重要素养，可以帮助学生了解计算机运行规则，激发学生计算思维的兴趣，培养编程素养，较好地适应未来发展趋势的需要。人工智能对于教学环境的支持，将改善现有的学习方式，由被动转向主动，课程内容与现实联系更加紧密，课程目标由获取知识转向创造知识及对问题解决能力的培养。了解机器能做的工作及具备"人机协同"工作的本领，将是未来学生的必备素养，学校应帮助学生提前做好准备，以适应人工智能时代的快速发展。

（八）具有人文素养和创造力的人才需求

对于社会整体而言，大众的人文素养体现为"人文主义价值观"，它承载并体现不同时代、不同社会背景下的普遍人性，是人类共同的伦理原则。"人文主义价值观"延伸出反对暴力、反对不宽容、反对歧视和排斥的伦理原则，向大众传递着尊重生命和人类尊严、权利平等和社会正义、文化和社会多样性，以及为建设我们共同的未来而实现国际团结和共担责任的意识。由联合国教科文组织编写的《反思教育：向"全球共同利益"的理念转变？》的研究报告，在新的时代背景下，重申人文主义价值取向，并特别强调"尊重生命与人类尊严、权利平等、社会正义、文化多样性、国际团结和为创造可持续的未来承担共同责任"。人文主义中的人本思想对于社会把握人类和人工智能之间的关系和立场有着启示作用。此外，关注包容性，维护和增强个人在其他人和自然面前的尊严、能力和福祉的人文主义也在黏合人工智能通过岗位分化造成的社会撕裂。

对于个人而言，人文关怀能力和创造性是人类有别于人工智能的独特价值。智能时代的职业大致可分为创造人工智能的人、告诉机器该做什么并决定如何处理其产出的人，以及知名人士（演员、运动员、艺术家、作家）。那么，个人应当如何做准备才能引领人工智能机器新世界呢？《预测机器：人工智能的简单经济学》一书的合著者阿维•戈德法布（Avi Goldfarb）认为，文科教育可能是对抗自动化的最佳解药。他表示，虽然大多数人都需要对计算机科学有一个基本的了解，但学习艺术、哲学、历史、社会学、心理学和神经科学可能是为未来做准备的关键。在自动化时代，对世界的理解能力就是我们的最大财富。人工智能擅长精密、重复性的任务，而人类则善于提出创造性的解决方案。文科教育将帮助年轻人掌握广博的知识，而他们可以利用这些知识将人工智能的作用发挥到最佳。

（九）参与人工智能社会治理的人才需求

探索建立面向未来的人工智能伦理规范的人才。探索人工智能发展前沿面临的伦理难题，发展以人类为中心的人工智能技术路线，确保人工智能研发设计符合正确的价值观导向，共同推进设计研发中的技术、伦理标准制定。研究人工智能在具体场景面临的伦理问题和长期发展引发的伦理问题。探索人工智能风险评估和监管体系，面向智能医疗、智能出行、智慧社区、自动驾驶等领域，研究设计问责和应用监督并重的双层监管机制。

探索推进人工智能地方立法工作的人才。开展人工智能应用的相关立法研究，支撑科技主管部门、立法机构、人工智能企业、法律研究和从业机构、用户等相关方，制定有关数据应用和算法规制的规范性文件，并在具体应用场景中试行和迭代，为进一步开展相关立法研究奠定基础。开展数据权属、流通的立法研究，推进公共数据的立法工作。

参与全球人工智能治理规则制定的人才。依托世界人工智能大会等载体，打造人工智能治理国际交流平台，组织全球一流人工智能治理研究机构展开专题讨论和合作，参与全球人工智能治理讨论与规则制定，联合国内外高校发布相关倡议，为世界人工智能治理规则发展贡献力量，形成中国在人工智能治理方面的话语权。

建立健全人工智能技术标准与知识产权工作的人才。加强人工智能标准框架体系研究，坚持安全性、可用性、互操作性、可追溯性原则，逐步建立并完善人工智能基础共性、互联互通、行业应用、网络安全、隐私保护等技术标准。建设跨领域的人工智能测试平台，推动人工智能安全认证，评估人工智能产品和系统的关键性能。加强人工智能领域的知识产权保护，健全人工智能领域技术创新、专利保护与标准化互动支撑机制，促进人工智能创新成果的知识产权化。

三、知识的开放性需求

智能时代下的高等教育将是全球化的，世界各国教育共存于一个更为复杂、相互关联的形式和系统之中。在智能化时代，高等院校的教学、创新创业、职业培训、社会网络等要素需要融合起来，很多不同类型的教育都会成为融合式教育的组成部分。高等教育将冲破地理位置的边界条件限制，优秀的教学理念、优质的教学元素乃至顶尖的教学人才，将在国际范围内广泛流动，契合融合的趋势和需求。这一改变，主要源于人工智能、应用模式的不断提升和进化，时间、空间呈现融合转化的重要趋势，引领高等教育变革要素的迁移。

知识的全球化传播、跨国人才团队的继续教育等对高等教育提出国际化融合需求，这种融合程度会越来越广泛和迫切。高等教育的一系列边界将被打破。首先，高等教育的不同水平和类型层面，如传统的高校教育、成人教育、继续教育之间的界限将变得模糊，无缝的终身学习将成为现实。其次，高等教育组织界限变得模糊，私立大学、公共大学、虚拟大学等各类高等教育组织在组织结构、教育供给形式等方面将相互交叉、相互融合。最后，时间与空间的界限将被打破，各个企业大学、跨国财团及合资企业之间建立的教育战略联盟、虚拟学习环境、在线学习项目等，使高等教育跨越了时间与空间的界限。

这一趋势已然开始凸显，如美国麻省理工学院的"开放课件"项目旨在将大学的课程教学材料通过互联网向全球免费开放。欧盟的博洛尼亚进程实际上已经在构筑一个强大的高等教育网络，来自不同国家的私人企业、监管与评估机构、政府部门、大学等，以资源节点或枢纽的形态将其高等教育同化、扩张与整合在一个全球性的教育企业之中，从而在欧洲各国间形成一个教育领域品牌消费的金字塔。

四、高校教师的培养需求

在智能时代下，高等教育要适应智能技术带来的革命，要给学习者提供只有人才能完成的教育。这就对教师提出了更高的要求，即教师不仅要掌握应用智能性技术来实现个性化教学的基本能力，更要具备较高的人文素养，帮助学生进行思维训练，使其获得更多的智慧。

对于语言类教师来说，无论是听、说、读、写的辅导，还是考核评价活动，都可能被机器人代替。同时，基础法律课程、基础历史课程、简单实验操作课程也不可能再占用师资力量。但对于与学生共同探讨文学和审美，以及进行情感交流的活动，机器人可能难以胜任。在人工智能时代，学科基础知识讲授的任务将会被人工智能替代，而对于个别化的"教练"、以学定教的导师、情感交流的心灵师等，将会有更大的需求。

未来对于教师的培养不仅要注重教师的个人素质，更要注重教师间的协同，以及教师与人工智能环境的协同。在智能时代下，教学机构、学科和班级的边界将逐渐被打破，学习过程会在跨越传统机构边界的社会化协同分工下完成。未来，一门课程的教学可能由多位教师共同负责，既包括教学方案设计者和学科知识专家，也包括知识传授者和人工智能助教或其他角色。

从教师职能来看，智能时代下的个性化、自主性的教育体系强调要促进学生的全面发展，因此未来教师的职能将加速向两个方向分化。

一是全能型教师。在人工智能的支持下，能够对人类身心健康和全面发展负责的全能型教师的出现将成为可能。这种全能型教师既要掌握学科知识和技术知识，也要掌握教学方法、脑科学发展及人类身心健康等相关知识，还要了解各种社会属性，也要具有领导力和社会协作能力。全能型教师既能够为每个学生提供个性化指导，也能为整个学习群体提供服务。

二是专业型教师。除了上述的全能型教师，未来教师还会出现更为精细的、个性化的分工，可以把某一方面的教育做到极致，如专门做教学设计的教师、进行思维训练的教师、解决心理问题的教师等。随着社会分工的不断细化，教师的分工也越来越细，就像拍电影一样，有编剧、演员、导演、摄像、后期制作等。所以，教师需要善于基于大规模的社会化协同开展教育服务。

五、人工智能学科建设需求

在智能时代，未来新兴产业和新经济需要的是工程实践能力强、创新能力强、具备国际竞争力的高素质复合型人才。因此，高校既需要培养人工智能领域的专才，也需要让人才具有正确的价值观，特别是在伦理道德层面需要加大学科建设的力度。

（一）人工智能

在人工智能领域，未来在基础数学、脑科学等方面的知识积累，将成为强人工智能发展的不可或缺的重要方面。从学科来看，人工智能是计算机科学、控制论、信息论、语言学、神经生理学、心理学、数学、哲学等多种学科相互渗透而发展起来的综合性学科。基于权威标准的分类系统 —— 国际计算机学会分类，中国人工智能领域主要被分为两级，27 个一级概念，44 个二级概念，涵盖了中国人工智能发展的各个领域，代表了人工智能在国内和国际上较活跃的子领域。目前，中国人工智能领域的人才主要集中在数据挖掘、机器学习、计算机视觉、数据库、自然语言处理、图像处理、计算机图形学、多媒体技术、虚拟现实、人机交互、信息检索及社交网络等方向上，未来高等教育需要加强基础策源创新型人才和高端芯片、算法人才的培养。

（二）法律伦理

人工智能将带来社会、法律、伦理等问题，需要高校在人工智能从业者群体中加强机器伦理教育，将正确的伦理价值观广泛渗透到社会与经济的各个方面，在不断推动智能时代发展的同时，消除安全隐患和不确定性于萌芽状态。

由于物联网、人工智能、5G 的普及，服务对象将不仅仅停留在人类社会，成为生产力的智能化机器也将成为服务对象，创造价值的机器人也将成为纳税人，机器人群体也将接受体检、教育、道德信息输入等外界服务。针对机器和人的个性化服务将逐渐成为智能时代发展不可或缺的一环。同时，伦理规范将延伸到智能机器领域，伦理教育的方向和内容将面临重构。未来的自主智能机器将有能力完全自主行为，不再是为人类所使用的被动工具。其基于自身所获取的信息进行的分析和判断，以及在不同情境中的反应和决策可能不是其创造者可以预料或者事先控制的。这种不需要人介入和干预的"感知—思考—行动"，需要新的伦理规范加以约束，因此针对机器的伦理规范教育将成为这一领域的重要方面。

六、"终身学习"的需求

新技术革命让知识的总量飞速增长，更新周期也大大缩短。随着新学科的不断分割建成，科学知识变得高度分化并且互相综合交叉，构成纵横交错的大知识群落。为了"学会生存"，不被汹涌的时代浪潮所颠覆，人们日益认识到终身学习的重要性。终身学习应该是一种自主驾驶式的学习，即根据自己的学习基础、需要解决的问题及希望达到的目标，选择一条适合自己特点的学习路径。这样的学习不可能依靠学校教育的方式来实现。学习方式逐渐从单纯课堂听课转向听教师授课与从网上汲取知识同时进行，这种混合学习已经成为一种趋势。终身学习主要是指学习者带着问题的学习，包括工作的问题、形势变化的问题、健康的问题、理财的问题、兴趣爱好的问题等。这些都将导致学习行为，而对于这类学习来说，原有的学校教材并不适用。人工智能的发展将使知识的传播、存储与检索获得极大的便利，为终身学习的实现提供条件。

智能社会的职业选择增多，社会节奏加快，学习成为超越时空变化的常态。在线学习、个性化学习、人与人及人与机器的学习将成为主流的学习渠道和途径。人们要想在社会中掌握主动权，成为生产生活的主人，就必须把握时时刻刻学习的机会，顺应智能化时代趋势，建立对应的培训方案，跟上最新的科技发展潮流，抓住社会提供的每一个机遇，更好地应对越来越自动化和自主化的市场。因此，高等教育需要注重人工智能与其他学科专业的交叉融合，注重教学模式、对象、内容的转变，充分发挥职业教育、开放教育的优势和特色，建设相关实训基地和开展国际交流，为社会普及"终身学习"。

当前，知识的更新换代极其迅速，大学生一年级所学的知识在毕业之前可能就已经被替换，而且人工智能驱动的自动化也在急速发展。普遍存在于零售、制造等行业的在高度稳定与可预测环境下的体力劳动，以及数据的收集与处理是最易被人工智能取代的工作内容。但人工智能对创新型工作的取代性极低。虽然人工智能对各项工作内容的自动化进程是不一致的，对各技能水平工人的影响也不同，但可以确定的是，人工智能将逐渐取代中级、高级技术工人。不断更新自己的知识技能，以提升自身的不可取代性、寻求更多的工作机会，必须坚持终身学习和自主学习。

由此可见，人工智能将引起大学人才培养方式的深刻变革。与过去的学生相比，现在的学生将更多使用多媒体技术、在线网络等更加灵活和生动的教学模式。在线教学将有可能成为主流教学方式，给学生以持久获取优质教学资源的可能。

第二节　智能时代各国的人工智能人才战略

当前，人工智能正处于发展阶段，正在从实验室走向市场，处于产业大突破前的技术冲刺和应用摸索时期，部分技术和产业体系还未成熟，此时对高端人才极为倚重。人才的质量和数量决定着人工智能的发展水平和潜力。各国发布的人工智能战略，都为人才的争夺和培养制定了重要策略。

一、美国

全体公民接受人工智能教育，深入了解国家人工智能研发人才需求。美国将人工智能、数据科学及相关领域与全国教育系统整合起来，这对培养出一批突出国家战略重点的从业者是十分必要的。各个级别的教育机构都在设立和发展人工智能项目，在中学乃至小学就引进数据科学课程，可以有效提高国民的数据知识水平，同时为学生在高中之后理解更高级别的数据科学概念和课程做好准备。此前，教育工作者和商业领袖就意识到，计算机科学在经济机会和社会流动性方面已经成为一门"新基础技能"，因此全国在计算机科学教育方面做了很大的投入。在这一基础之上，人工智能教育成为"全民计算机科学教育"项目的组成部分，让所有美国学生从幼儿园一直到高中都可以学习计算机科学课程，培养计算机思维技能，在数字经济中成为一名创造者，准备好迎接人工智能驱动经济的需求所带来的挑战。

明确专业领域划分，招募多样化人才。美国公布了四项关键计划：第一，通过教育和培训拓展网络安全人才；第二，招募全国最好的网络人才为联邦政府服务，在政府范围内实行招募政策，其中包括加强宣传力度，从学徒计划、大学、学院和私营企业中招募多样化的网络人才（包括妇女、少数民族和退伍军人）；第三，留住和培养高技能人才，联邦人事管理局将与联邦政府共同制定网络安全职业上升通道和资格审查程序、轮岗分配和促进员工获得新技能机会的办法，使其成为领域专家；第四，明确网络安全人才需求，在网络安全现有的 31 个专业领域基础上进一步划分，使机构可以更好地识别、招聘、评估和雇佣具有网络安全技能的最佳人选，为机器智能时代发展劳动力。

美国在人才培养上制定如下策略：扩大在计算机技术，特别是人工智能方面的学位计划；为下一代投资通用的基本数字化能力；再次强调软技能的发展和通识教育的重要性；组建美国教育部工作组，研究机器智能对国家教育系统的长期影响；创建一个移民系统，积极欢迎外国的有才之士；激励企业为其在岗员工的继续教育投资；为当前的在岗工作人员和未来的工作人员提供继续教育的机会；加强社会保障，支持过渡期的员工。

二、日本

日本为培养多样化人才，吸引海外优秀人才，提出要强化科技创新的基础实力，明确青年研究人员的职业发展道路，对应职业发展不同阶段，营造能够充分发挥青年研究人员的才能和创意的环境。培养和确保科技创新所需要的多样化人才，通过确定职业发展道路及与大学和产业界加强互动，推进研究生院的教育改革。激发女性研究人员的活力，增加女性研究人员的录用比例。加大对赴海外研修的研究人员的支持力度，同时吸引和留住外国优秀人才，构建国际研究网络，促进跨领域、跨部门的人才流动。

推进专业化人才培育，保证多样化人才流动。2017 年 6 月 2 日，日本内阁会议发布了《科学技术创新综合战略 2017》，致力于培养能利用物联网开创新业务的人才、能应对复杂网络威胁的网络安全人才，以及有助于推动数理科学、计算科学技术和数据科学发展的人才。促进女性领导的任用，完善女性发挥积极作用的环境；吸引外国优秀研究人员定居日本；导入促进产业、学术界、政府机构之间的人才流动的制度。国立大学和国立科研机构采取先进的人事政策，提高年轻研究人员的流动性，促进组织的更新换代；推动产学合作的研发投资；加强教育与研发的区域优势。

三、欧洲

（一）英国：设立人工智能课程，增加人工智能学位

2017 年 10 月 15 日，英国政府网站上发布了《在英国发展人工智能》的报告，同时从数据、技术、研究，以及政策的开放和投入四个方向分别给出了具体建议，目标是使英国成为世界上最适合发展和部署人工智能的国家。报告主张为工程和物理科学研究委员会提供研究资金；在本国领先的大学中设立由企业资助的人工智能硕士课程，通过市场调研设立人工智能课程，以满足雇主的多方面需求；增加 200 多个人工智能博士学位，以优厚的条件吸引来自世界各地、拥有不同背景的人才；开设线上人工智能课程和持续的专业技能培训；实现人工智能领域多样性发展；在英国设立一个国际人工智能奖学金项目。

（二）法国：培育本土人才，吸引外部精英

2018 年 3 月 28 日，法国发布《法国人工智能发展战略研究报告》，也叫《韦拉尼报告》。报告指出，法国高等教育阶段人工智能专业的学生规模远不足以支持产业发展。因此在人才培养上，要改造传统优势专业，如数学和信息科学，并鼓励高校新设人工智能专业；提高人工智能专业女性比例；提升人

工智能专业师资力量，一方面加大法国本土人工智能专业人才培养力度，另一方面从其他国家引进优秀师资。

在人才争夺上，要提高公立大学和公立研究机构的吸引力，为公立大学和公立研究机构人工智能专业的年轻毕业生提供的起薪至少为目前的 2 倍；保持公立大学和公立研究机构教师和研究员的长期稳定岗位，简化岗位聘用手续，吸引更多外国优秀研究员加入研究队伍；扩大人工智能专业研究生的招生规模，并设立奖学金，吸引优秀学生，以扩充公立大学和研究所的人工智能研究队伍。

（三）德国：厚重积淀，蓄势待发

2018 年 7 月 18 日，德国联邦政府通过了《联邦政府人工智能战略要点》，旨在推动德国人工智能的研发和应用达到全球领先水平。文件提出：德国要为人工智能相关重点领域的研发和创新转化提供资助；优先为德国人工智能领域专家提高经济收益；同法国合作建设的人工智能竞争力中心要尽快完成并实现互联互通；设置专业门类的竞争力中心；加强人工智能基础设施建设；等等。

四、中国

（一）着重培育高水平人工智能创新人才和团队

2017 年，国务院发布《新一代人工智能发展规划》。规划指出两个人才培育方向：首先是领军人才，即人工智能基础研究、应用研究、运行维护等方面的专业技术人才。其次是复合型人才，包括贯通人工智能理论、方法、技术、产品与应用等的纵向复合型人才，以及掌握"人工智能＋"经济、社会、管理、标准、法律等的横向复合型人才。

（二）完善人工智能领域人才培养体系，建设人工智能学科

2018 年 4 月 2 日，教育部印发《高等学校人工智能创新行动计划》，制订了多方面的培养计划。

在学科布局方面，完善人工智能领域学科布局，设立人工智能专业，推动人工智能领域一级学科建设。鼓励高校拓展人工智能专业教育内容，形成"人工智能 +X"复合专业培养新模式，重视人工智能与数学、计算机科学、物理学、生物学、心理学、社会学、法学等学科专业教育的交叉融合。

在专业建设方面，加快实施"卓越工程师教育培养计划"，根据人工智能理论和技术具有普适性、迁移性和渗透性的特点，主动结合学生的学习兴趣和社会需求，积极开展"新工科"研究与实践。

在教材建设方面，加快人工智能领域科技成果和资源向教育教学转化，推动人工智能重要方向的教材和在线开放课程建设，将人工智能纳入大学计算机基础教学内容。现在人工智能进入高中新课标，第一本高中教材《人工智能基础（高中版）》已出版。此外，还将编写一批具有国际一流水平的本科生、研究生教材并录制国家级精品在线开放课程。

在人才培养力度方面，完善人工智能领域多主体协同育人机制。深化产学合作协同育人，推广实施人工智能领域产学合作协同育人项目，以产业和技术发展的最新成果推动人才培养改革。支持建立人工智能领域"新工科"产学研联盟，建设一批集教育、培训及研究于一体的区域共享型人才培养实践平台。人工智能企业通过与研究型大学共建联合实验室、研究院、研究中心等方式加速人工智能高水平人才成长。

在普及教育方面，鼓励、支持高校相关教学、科研资源对外开放，建立面向青少年和社会公众的人工智能科普公共服务平台。

（三）多方式、多渠道利用全球优质资源

鼓励和支持国内学生赴人工智能领域优势国家留学，加大对人工智能领域留学的支持力度。依托"联合国教科文组织中国创业教育联盟"，加大和促进人工智能创新创业的国际交流与合作。2018 年 4 月 3 日，教育部、创新工场人工智能工程院、北京大学共同启动"中国高校人工智能人才国际培养计划"，致力于探索实践出适合中国高等智能人才培养的教学内容和教学方法，培养中国智能产业的应用型人才。

（四）引进国际高端人工智能人才

国务院《新一代人工智能发展规划》指出，要开辟专门渠道，实行特殊政策，实现人工智能高端人才精准引进。引进对象侧重于神经认知、机器学习、自动驾驶、智能机器人等领域的国际顶尖科学家和高水平创新团队。引进方法包括采取项目合作、技术咨询等柔性方式，以及其他现有人才计划，并特别强调引进优秀青年人才。

第三节　人工智能对高等教育的挑战

在智能时代，人才发展将受到巨大的影响，高等教育模式不仅面临升级的机遇，也面临各种挑战。教师、学生、教育工具、教育组织都将作为高等教育模式变革的参与方而受到影响，共同推动新型高等教育模式的重构。

一、对学生培养模式的冲击

智能时代的到来对教育的影响显而易见。智能校园、在线课堂、人工智能实验室、电子书包及个性化电子辅导等的出现，已使如今的学校教育发生很大改变，如智能手机的使用，给学生学习带来了便利，但也给课堂管理带来了一定的挑战。因此，学习模式和教育管理模式都需要进行相应的改变，以适应新时代新需求。

（一）促进教育重心转移

首先，在智能时代，教育体系中受到冲击最大的将是技能教育。技能教育中的内容大都是人工智能驱使的机器人可以学习和掌握的，包括计算机视觉、机器学习、自然语言处理、机器人和语音识别等，而且这些技术的实现使得机器人比人类本身更为精准。其次，受到冲击的是知识教育。在目前的教育体制下，中小学教育普遍以传授知识为主，而对学生思维训练考虑得相对较少，相关升学考试也是以测试学生对各门学科知识点的掌握程度为主。而借助人工智能，在知识存储、知识传播、教学方法与手段等方面都可能会超越人类的力量。在这种趋势下，知识教育中的知识和传授工作都可能被机器人取代。因此，在智能时代，教育重心将会由当前的知识教育和技能教育向个性化的思维训练等教育方向偏移。

（二）推动教育回归人的本真

人工智能的发展可以使学生的学习变得越来越轻松，常规的技术、知识和技能的传授将无须再耗费教师太多的精力，而能够使教师更多地将教育重心转移到人工智能不能进入的人的精神和情感世界中来。因此，智能时代将推动教育更加关注人，尤其是关注人的精神世界和情感交流。在教育过程中，学生最重要的不是掌握多少技能、知识和技术本身，而是其精神世界的不断充实，相应地，教师最重要的任务也不是传授给学生多少技能和知识，而是要关注学生的精神需求，重视其创新性的培养，利用各种创新型的思维训练方法提升学生的创新素质。

（三）推动教育行业从慢反馈走向快反馈

智能技术的发展推动了在线教育这一新兴教育模式的诞生。如今，在线教育行业呈现爆发式增长，而这种教育模式与传统教育模式完全不同。在传统教育模式下，从教到学到练到考，每一个环节都要经过相对漫长的过程才能实现。而在大数据和智能技术的支持下，智能时代的新型教育模式能及时快速地响应教育需求，显示教育成效，呈现快反馈的特征。

二、对教育系统内主体的影响

教师和学生作为教育系统内的两大主体，随着人工智能的发展，其学习模式和教学模式都将会受到影响而发生改变。而教育工具和教育机构作为一种连接教师和学生的介质性主体，所受到的影响也是显而易见的。

（一）适应智能化学习模式

在传统高等教育模式下，教育往往强调学生对具体学科知识的掌握，是面向过去的，学生的学习过程则主要是在以教师为中心的教学过程中完成的，高校教育体系是以班级授课制和标准化教材为基础的，是标准化和规模化的学习。而在智能时代，学生的学习旨在发现自己、成为自己，因此充分体现了个性化。云计算、大数据、人工智能等先进技术的发展为学生自主学习的实现提供了可能。智能技术的应用使得学生的学习更为自主化、个性化，学习模式逐渐演变为以学生为中心的智能化模式。智能时代下的学生是随着智能技术的发展而成长起来的人，他们对于学习的主动权有更多的需求，而网络和智能终端等也不是单纯的"技术"，而是伴随学生学习和生活的一部分。学生对学习空间和时间的选择更自由，学习不再局限于传统的、固定的课堂学习，而是可以整合各类正式学习、非正式学习、混合学习和远程学习，提升学习效果。

为加快实现学生的个性化、自主化学习，需要构建未来学习环境和实施未来教学。从教育本身来看，智能时代下更便于"因材施教"。人工智能通过对宏观教育数据的挖掘和对学生在学习行为过程中产生的数据进行分析，能够让学生的学习更有针对性。例如：可以根据学生的心理特点、生理特点，以及目前的知识水平和能力，设计不同的学习内容，使学生可以自行选择合适的学习内容、学习时间，并可根据学生的反馈调整学习内容，甚至还能通过情感识别帮助学生提升学习体验，根据学生的情感状态来定制个性化的学习材料。当前亟须解决的核心问题包括三点：一是构建可计算的教育情境；二是深度解析未来学习主体；三是实现可定制的学习服务。具体来说，是要解决教育场景边缘的计算，解析数字化环境下的学习机理，进行数据驱动下的学习者建模与分析，构建人机交互的新型学习环境，实现学习数据的感知与融合，以及实现个性化、精准化服务和智能导学，等等。

（二）转变既有的教学模式

随着学生学习模式的转变，教师的教学模式也将发生改变，教师从处于中心地位的教授者变为学生学习的指导者和陪伴者等。而且在智能时代，人工智能助教作为一种特殊的群体加入教师队伍，未来的教学模式是在人类教师与人工智能助教协作共存的情况下完成的。人类教师与人工智能助教各自发挥优势，协同实现个性化的教育、包容的教育、公平的教育和终身的教育，从而促进学生的全面发展。未来的教师需要充分认识学生学习模式的转变并能够很好地适应其变化。智能时代的教育，教授知识不再是教师最主要的责任，更重要的是作为学生的人生导师，帮助其训练创新思维、发现自身优点、实现人生价值，即教师的工作要以"育人"为重，从面向知识和技能的教学转向面向心理、思维、文化、责任等核心素养的培养。学生的创新能力、协作能力、知识运用能力等成为教师更为关注的核心和重点。

（三）教育载体的颠覆性变化

教育机构作为教育载体，在智能时代可能会发生颠覆性的变化，以大学为主的传统高等教育机构，可能会被新型的"智能化教育平台"颠覆。这一平台能够提供更便捷的学习方式、更丰富的教育资源、更有效的教学方法等，使优质教育资源实现全球共享。正如如今的"互联网大学"，采用以互联网教学为主、线上线下结合的混合式教学模式，通过各种学历教育项目和非学历教育项目，提供来自全球的优质教育服务，促进教育资源的共享和教育公平。

传统高等教育资源的供给方式以信息网、校园网、多媒体教学为主，信息技术作为开展教育活动的辅助工具和有益补充，停留在为教学活动、科研活动、实践活动提供形态支持的层面，信息平台与教育内容尚未充分有机结合。日趋成熟的互联网技术及智能技术，极大地丰富了教育活动的内容资源与教学平台。一方面，网络化生态环境成为高等教育活动依赖的载体，高等教育活动需要借助新媒体平台提高吸引力和感染力；另一方面，互联网与智能技术在高等教育活动中的价值日益凸显，智能技术也成为高等教育的一项重要内容。智能化平台和高等教育内容的紧密衔接，促使教育资源的供给方式实现内容的升级与结构的优化。智能时代的高等教育机构不是以智能技术为依托的两者（智能化＋高等教育）的简单相加，而是智能技术为高等教育提供形式和平台，高等教育为智能化提供内涵和视域。因此，未来的教育机构更多的是实现了"智能＋教育内容"的广泛融入社会的各种分布式教育中心。

（四）教学工具的渐进性过渡

教学工具作为知识载体，正在由传统模式的书本载体向信息模式的画面、声音、影像等更加具体化的载体过渡，再向以虚拟现实场景呈现实地、实物面貌的智能化模式发展。大量的传统岗位被新技术和新设备替代，尤其是那些机械重复、精准操作的工作日益自动化，开始由智能工具或智能系统承担。智能硬件如虚拟现实、智能可穿戴等新技术将改变教学体验。随着标签技术的进步和海量数据的支撑，人工智能被广泛应用于自适应学习。自适应题库系统、自适应课程系统、分级阅读系统构成自适应学习的主要产品模式。同时，智能时代的教育机构在治理模式上也将更多地基于大数据和智能技术。其中，最重要的就是教学评价标准得以重塑。利用人工智能的学情分析和学习诊断，精准评估教学效果和学习效果，评价标准由原来结果导向的"单一"评价向综合型、过程型的"多维度"评价转变，由仅注重知识传授向更加注重能力素质培养转变。

三、对教育链条的变革

一般来说，教育链条主要由教育资源与内容提供商、教育辅助技术开发商、教育机构或平台等构建。教育资源与内容提供商主要是指音像图书出版社、学校、在线学习平台等；教育辅助技术开发商主要是指研发教辅工具或教辅系统等教育辅助产品的企业或机构等；教育机构或平台则主要是指各类学校或教育培训机构等。

与传统教育链条相比，智能时代下的教育链条有许多创新。

一是基于情感的师生关系。智能技术的应用能够替代现代教育中的很多技能传授类的教育行为，但智能机器始终无法代替人，师生之间的情感交流仍是未来教育的重要部分。

二是基于智慧传授的教育模式。该教育模式可使教育本源中"育人"的价值得到进一步体现，育人功能更为凸显。

三是基于需求的平等教育场景。在智能时代，教育信息的透明化使得教育资源不平等的鸿沟被拉平，个性化的教育模式可以满足不同群体的教育需求，实现按需分配的共享教育。

四是基于多项权力互动的高校治理结构。在智能时代，当前的计划性教育思维、课程管理模式及政府与高校的关系均会发生改变。人工智能的引入，将使高校治理结构更为智能，更能适应智能时代下的新型教育模式。

随着"人工智能＋教育"的不断推进，其产业链逐渐呈现融合之势，出现了一批教育应用综合企业，这些企业集教育资源与内容提供、技术开发、平台运营于一体，且与学校、出版社等合作，自主开发教学资源，利用自身技术优势搭建教育服务平台，为用户提供智能教育产品或服务。因此，在智能时代，教育产业不再是单一的教与学的线性链条结构，而更多的是以一个个散点式的综合体构成的网络状结构。但在综合体内部，教育业务则呈现从课程选择到课程学习，再到考核与测试，再到课题复习，最后反馈到课程选择这样自循环的闭合式链条结构。

四、对课程设置的重构

在智能时代，就业方面会产生四个变化：一是机器替代人。智能生产机器人在工业领域中的应用和发展将会对生产工艺、生产流程及生产效率产生影响，但同时生产方式最直接的改变必然会导致一批一线生产工人被挤出劳动市场。二是劳动者的知识更新。替代作用的存在会诱发激励作用，生产方式的改变往往需要全新的配套系统。在大量基础性工作被替代的同时，未被淘汰的劳动力将被迫提升与人工智能协同工作的能力，这样才能保证自己的个体需求。在人工智能发展不足的部分领域，将会存在以人工为主、机器为辅的工作模式。三是就业结构与产业结构的协同。人工智能应用于国民经济，带来了产业结构的深刻变革。对于劳动者来说，智能社会的工作的不稳定性增加，企业裁员和招新的频度上升，就业和再就业成为常态。

对于劳动者来说，应对这种变化的根本方法是改变和提升自己的知识结构，接受高等教育和再教育，因此智能时代的高等教育的课程设置就显得至关重要。如何设置更适合人类的课程，并且让学生在复杂的竞争环境中长期占据领先地位，这是对高等教育提出的重要挑战。此外，如何面向机器这一新的劳动群体设置课程，也是大学和科研院所需要考虑的重要问题。因为在智能社会，人依然是机器的主宰，对机器的教育和引导是这种控制力的外在表现。面对客户千奇百怪的问题及层出不穷的新产品，如何让智能机器人更好地识别问题、更精准地解决客户的问题，都需要人对智能机器人进行引导和教育，包括丰富智能机器人知识库、优化机器人回答话术，帮助机器人不断提升精准服务的能力，让机器人服务更加人性化，从而提升客户体验。

五、对高等教育软硬件提出更高要求

在智能时代，基于互联网的个性定制、众包设计、云制造等新型制造模式得到普及，形成基于消费需求动态感知的研发、制造和产业组织方式，优势互补、合作共赢的开放型产业生态体系得以建立，智能监测、远程诊断管理、全产业链追溯等工业互联网得以应用。在智能化生产模式下，生产和消费之间的互动关系更为紧密。消费者个性需求和定制化生产模式有助于解决传统模式下的"生产过剩"困境。经济形态、社会形态的智能化改变，倒逼人们随时随地具备个性化的知识技能，催生了个性化学习的潜在需求。有学者指出，最近20年，中国高等教育学习西方国家顶尖大学的通识教育经验，本质上是一种厚基础、宽口径的教育，实际上就是希望不再把知识和技能作为主要的教育目标，而是把人类文明所应共有的根基性原则和思维作为更加重要的教育内容。而人工智能的个性化教育，必将融汇这种根基性原则和思维，具备较强的针对性和持续性。

但是，从目前多数高校的发展现状来看，教师、学生及教学流程等方面的变数很多，人工智能应用的基本条件还不具备。单纯从信息化角度来看，当前只有教务系统比较成熟，其他方面的信息化建设还比较落后，人工智能成熟应用缺乏基本的前提和条件。这种基本条件的积累，不仅在于基本教学流程的数据积累，还在于大学教室等硬件设备的持续更新，从而满足人工智能教学或人工智能辅助教学的空间环境，并建立适应这种智能化改变的评价机制。

智能时代的高等教育面临挑战和需求，教育链条中各要素的关系及结构等将可能被重构，当前的计划性教育思维、课程管理模式，以及政府与高校的关系均将发生改变，高校治理结构将更为智能。

其一，在智能时代，高等教育模式不仅面临升级的机遇，也会面临各种挑战，教师、学生、教育工具、教育组织都将作为高等教育模式变革的参与方而受到影响。这种影响包括教育重心的转移、学生创新素养的提升。智能时代的新型教育模式需要快速地响应人才需求等，显示教育的成效。

其二，当前人工智能总体处于发展起步阶段，正在从实验室走向市场，处于产业大突破前的技术冲刺和应用摸索时期，对于高端人才极为倚重。人才的质量和数量决定着人工智能的发展水平和潜力。各国在发布的人工智能战略中，都为人才的争夺和培养制定了重要策略。

其三，高等人才培养模式是高等教育为学生构建的知识、能力、素质结构，以及实现这种结构的方式，包括人才的培养目标、培养规格和培养方式，集中体现了高等教育的教育理念，重点关注培养什么样的人、如何培养人和培养成了什么样的人。培养模式变革的本质是为了改变所培养人的类型，以满足社会经济发展对各类人才的需求。

其四，设置人工智能及相关教学科目，构建新的教育体系，丰富教育资源内容，提升大学教师的人才规模，推动校企合作，进而更好地满足社会的人才需求、高校的教学需求、学生的个性化学习需求等。

第六章　智能时代的高等教育变革

第一节　人工智能时代教育变革的理论基础

一、教育变革理论

在教育变革理论中，教育变革属于最基本的范畴。从教育变革理论的观点来看，教育的发展始终处于不断变革的过程中，教育长久以来一直是以变革为"基本法则"而得以延续的，变革也是发展教育的重要推动力。教育变革被哈维洛克（Havelock）和古德莱德（Goodryder）划分为两种类型，即有计划变革和自然教育变革。在教育变革的过程中，试图通过对某项具体计划的普遍实施来达到教育变革目的的，就属于有计划变革，教育改革、教育革命等均属于此范畴，此种教育变革方式不但确定了清晰的目标，而且对变革有了一定的方案和策略。而对变革没有一定的方案和没有明显企图或用意的教育变革便是自然教育变革，它与有计划变革是相反的。比如，教师在教学过程中可以随意地变换或调整自己的教学方法，人口的剧烈增长导致的学生人数猛增，以及自然灾害导致的学校数量减少等都属于自然教育变革。

从上述理论的角度而言，教育变革的特性是非常明显的，即复杂性和非线性。概括而言，非线性指的是变革是由上至下从组织结构上进行的，并不一定能取得理想结果，从启动到实施不是线性过程；复杂性则指的是教育系统作为变革的实施对象，其本身同时具备社会性和自然性，且不具备线性特征，也并非保持不变的，预测其发展的难度较高。由于受到以上两项特性的影响，教育变革具有较强的不确定性，并非所有教育变革产生的效果或影响都是正面的，其产生的效果可能具有一定的推动作用，也可能具有一定的阻碍作用。

教育变革理论在本研究中具有重要作用，具体是：教学工作在人工智能时代的变革属于典型的有计划变革。事物本质是变革的主要对象，对于教育变革而言，其指的是在原有教学优势与智慧内涵的基础上进行变革，在教学过程中能够得到进一步的优化，在教学方法和手段上能够进一步创新，并不是对传统教学的全盘否定。"量变质变规律"也是教育变革的过程中应该遵循的方面，要从本质上对教学进行改变，必须充分融合教学与人工智能技术后才能实现，进而上升至整个教育。基于上述原因，本书是以教学工作在人工智能时代具备的特点为基础对教育变革展开研讨的，借助教育在人工智能作用下形成的创新来改变教学活动要素具有的作用和地位，其涵盖的变革内容主要有教学的内容、方式、目的等，其中评价教育变革效果的重要指标便是各要素的地位和作用的状态。

二、分布式认知理论

在人工智能时代，智能化的复杂性需要我们去适应，认知形式在人工智能时代产生了巨大变化，即认知方式正在向分布式进行转变，人与机器的分布式认知是应对知识与智能膨胀的根本途径，这是人工智能时代人适应复杂性的基本思维方式。人工智能时代的基本认知方式是分布式认知，现代人能够处理越来越复杂的问题，能够应对越来越多的知识，正是因为人和智能设备的协同思考和协同思维。

对于教学在人工智能时代的变革而言，分布式认知理论在指导上所发挥的作用是极为重要的。

首先，"人工制品"是分布式认知的组成部分之一，其涵盖了技术等多项内容，这些内容是有助于认知负担减缓和认知任务转移的。如果不能解决学习者认知能力之外的学习问题，那么通过智能化学习工具可以有效降低学习者在认知方面承受的负担，进而帮助学习者展开更深入的学习。此外，对于具有重复性、复杂程度较低的认知任务，智能机器人是可以独立完成的，从而使个体认知活动向更具有创造性的方向发展。未来必定是人与机器共存的，二者所擅长的领域是存在差异的，因此二者系统合作所产生的智慧远远超出人类或人工智能的单独智慧。在面对复杂问题时，认知方式已经开始向人机协同进行转变，人类已经开始向分布式的认知方式进行过渡。

其次，分布式认知的核心内容是通过交互认知环境与个体产生认知。在此期间，认知个体对认知结构的构建难度将大幅度降低。学生与教师之间的交互行为是教学中的主要交互体现，但是教学中的交互还应该包括生生交互、师生与知识的交互等，智能化教学由于得到了人工智能的支持，可以有效丰富交互方式。在交互过程中可以重新构建学习体验，听觉等方面均可能对个体认知产生影响。

三、技术创新理论

技术创新理论是约瑟夫•熊彼特（Joseph Schumpeter）在《经济发展理论》中首次提出的，并引入生产体系中，其对创新的解释是"建立新生产函数，换言之，就是以全新的方式对生产条件和要素进行结合"，即不仅在新生产要素中会体现创新，而且生产要素之间相互产生的新的化学反应也会体现创新。由此可知，构成创新的主要内容包括引进或提供新的产品或品质、使用新的生产手段、开辟新市场、获得新的半成品或原料供给来源、一种新的组织方式的实行。

创新是一种不停运转的机制，而不仅仅是工艺发明或某项单纯的技术。真正的创新是通过将发明或发现应用到实际生产中实现的，而且能够影响生产的传统体系。在创新教学方面，该理论所具有的指导意义是极为突出的。

（一）对教育教学的创新具有推动作用

新技术能够在此方面产生巨大影响，将人工智能引入教学的各个环节中，可以对诸多方面进行创新，如对教学工具进行智能化升级、对教学管理模式进行优化等。人工智能与教学结合的新形式需要教育工作者去探索，要积极转变思维方式，进一步深化教育工作与技术的融合程度，并实现创新教育等目标。

（二）学生创新能力的培养得到重视

在人工智能时代，机器已经能够取代人类的简单重复性的工作，人类的左脑（工程逻辑思维）正在被智能机器人慢慢超越，为了维持人类的优势地位，最有效的策略之一就是最大限度地开发人类的右脑。右脑所擅长的领域正是机器的缺陷所在，通过对独特的人类智能进行培养，具体包括想象力、创造力、沟通能力等，可以让学生在科技发展过程中始终保持优势地位，而这也是教育改革的主流方向。

第二节　智能时代的新教育技术教育变革的意义

一、人工智能时代的新教育技术

人工智能是通过机器来对人的智能进行模拟，研究与开发用于模拟、延伸和扩展人的智能的新兴技术科学。举例而言，由听觉等感知构成的感知能力，以及涵盖了学习、推理、思维等多项能力的智能行为，在行动和思考方面机器具备的能力与人类是极为相似的，在过去只有人能独立完成的工作现在机器可以代替人完成。近年来，人工智能迅猛发展，渐渐地给人们带来了些许畏惧和恐慌，人们关注的焦点逐渐转为人工智能是否会取代人的存在。弗诺·文奇（Vernor Vinge）是计算机领域的知名专家，是奇点概念的首位提出者，他对此概念的解释是，在人工智能的作用下，机器人或计算机可以对自身进行优化和设计，甚至对人工智能进行升级。对于教育领域受到的人工智能的影响，我们要秉持理性的观点，既不高估也不低看。

智能控制、模式识别、机器学习等技术是人工智能的主要研究领域。计算机技术在现阶段的发展速度日益加快，再加上大数据等相关技术的发展，使得人工智能获得巨大发展，并被大范围地应用到不同领域中，各行业在发展过程中遇到的困难均可以通过人工智能获得帮助，对于教育领域同样如此。学者张坤颖表示，作为具有赋能等效果的技术，辅助性和主体性是人工智能在教育领域的两种应用形态。成为教育领域特定系统的主体是人工智能具有的主体性，如教学智能机器人等。辅助性是指在教学系统的教学、资源、环境、评价和管理结构中融入人工智能的功能模块或部分结构，人工智能的作用是通过媒体等形式施展的自适应学习等。

单一技术是无法有效支撑其对教育教学产生的影响的，需要综合利用多项技术，如人工智能、大数据等。因此，在教学中融入人工智能、大数据、学习分析等技术将会给教育领域带来一定的影响，也会给教学的发展带来新机遇和新挑战。

（一）智能图像识别与语音识别技术

在教学中，总是会存在学生对于相对抽象的知识内容难以理解的现象，如理解物理中的磁场分布等。不仅学生对于这种抽象的知识点总是很难理解，教师对于如何解决这种教学现象也是无从下手。为达到具象化抽象知识的目的，部分教育机构有效融合了人工智能等技术，进而陆续推出了人工智能适用于教育领域的技术产品——增强现实讲解分析知识点，概括而言，就是利用 3D 模型等相关技术对抽象知识进行具体化，在学生面前呈现出立体化的知识内容。以往不擅长展开空间想象的学生在学习抽象知识时同样面临较大的困难，但通过这种新型 AR 技术的讲解，学生能够解决不理解的问题，轻松而又高效地完成学习任务。

在学习过程中，学生只要扫描书上的一张二维图像，手机很快就可以对知识内容进行识别并获取相应的解析，随后将知识脉络清晰地展示给学生，使其可以对相关知识进行梳理。如果学生在解题时无法独立解决，只需要使用手机中的 AR 相机功能，用摄像头扫描知识点配图后就可以轻松提取其特征点，并自动将其与存储的相应特征点进行匹配，随后将与之对应的知识点 3D 模型信息加载到手机中。如此，学生就可通过具体、直观的方式对抽象知识进行理解，使学习效率获得大幅度提升。

以立体化的模式对科学知识加以展现，能够让学生对科学、人文、历史等各个学科的知识产生更加直观的感受。同时，学生的体验感大大增强，有助于学生认知能力的提高。

ASR是语音识别技术的英文简称,如何让计算机对人类语音正确理解是其主要研究内容。从人工智能学科诞生的那天起,科学家们一直努力追求的目标就是让机器能够听懂人们所说的每一个词、每一句话。在研究发展过程中,该技术先后经历了三个不同阶段:首个研究阶段是标准模板匹配算法,第二个阶段就是研究以统计模型为基础的算法,神经深度网络是其最后阶段。人工智能识别语音的正确率在我国超过97%,在世界上居于领先地位,同时以飞快的速度传播到世界各地。机器也能够理解人类的语言并及时地给出反馈。在英语学习中应用语音识别技术,有助于学习者的听、说练习等。在全国普通话等级考试、英语口语测评中已广泛使用语音识别技术,其各项指标的表现均远远超出人工专家。

智能化识别技术在发展过程中呈现出明显的趋势,如可以将语音内容进行文字转换并根据相应限制条件进行选择。比如,识别设备将"我是李宏"这段语音进行处理后,以文字方式将"我是李红"显示在屏幕上,此时可以对文字内容进行纠正,"是宏伟的宏",设备在识别后就会将文字自动更改成"我是李宏"。远距离语音识别是语音识别技术的发展方向,未来技术也可以精准地捕捉到远距离的对话,并能够进行精准的识别。

(二)大数据分析及深度学习技术

海量优质的应用场景数据已经建立在人工智能当中。相较于传统数据,大数据在数据量、流转速度等诸多方面均表现出强大的优势。此项技术是以采集、分析和储存数据为基础,通过对存在于已知变量中的关系进行发现来做出科学决策的。大数据在现阶段已经被大范围地应用到诸多领域,如电子商务、金融等,可见,大数据在未来的发展过程中具有广阔的应用前景。而在教育领域中,大量的数据会随时出现在教学过程当中,而教学会通过大数据的相关分析来解决相关问题,大数据会对教育教学产生深刻的影响。

大数据的根本作用就是以科学分析数据为基础,完成智能决策等工作。换言之,就是大数据技术具备构建相关模型的能力和工具,从而能够在最大限度上发挥其优势。

教学工作通过有机融合人工智能和大数据可以给自身发展创造新的机会。人工智能内部的庞大数据是其基石，机器学习在大数据的发展下取得了很大进步，使其具有的无限潜力得以激发和释放。因为在学习方法上人与机器各不相同，比如，当我们看见几只狗的时候，告诉一个孩童这就是狗，那么这个孩子下次在其他的地方看到其他的狗便也知道这就是狗，而要让机器来认识狗，需要向机器提供大量的狗的图片。所以说，人工智能的发展需要大数据的支持。大数据的优势会在与人工智能的结合中充分发挥出来，如人工智能模型可以通过对教育教学过程中存在大量的教学设计、教学数据的分析来辅助教师发现教学中的不足并加以改进。

学习分析这一概念是在数据挖掘等相关技术获得巨大发展后形成的，其采集的数据来自学习的相关活动，通过多种工具和方法对数据进行全面的解读，研究学习的轨迹和环境，并以此为基础对学习规律进行总结和概括，合理预测学习效果，为学习者实施干预提供有效措施，进而提升学习者的学习效果。综合以上论述可知，学习分析以大数据为基础，大数据的价值在学习分析中可以有效地实现。

学习分析的核心目标就是改善学习过程，其通常是由以下几个阶段构成的：①准确描述学习结果；②科学评判学习的过程；③合理预测未来学习的发展状况；④将有效的干预措施引入学习过程。

学习分析的未来发展的主要趋势是教学的个性化和差异化。教育数据的增长速度，受到应用数字化教学工具增加的影响而不断提高。学生在智能教学平台学习期间产生的所有数据均被采集，课堂上学生与教师之间的所有互动及其产生的效果也被完整记录下来，通过分析此过程，以图表分析和整体数据统计的形式进行生成。在此基础上，学生要想找出其中的不足，可以查看相应的学习数据，分析情况从而改进策略。在此基础上，教师可以有效地掌握学生的学习特点，同时可以依据学生的个性特点来设计学习方案，可以对学生的学习行为与学习数据进行深度分析，对学生发展可以实现随时监测。

（三）智能教学机器人技术

国际机器人协会对机器人的解释是，具备自制能力的、可实现多种不同功能并具备编程能力的可操作机器，在没有人工介入的特定环境中，根据实际环境和感知能力，安排并执行好任务。在未来的发展中，若情感交流的屏障被人工智能突破，人与机器或许真的能够实现心灵相通。目前，在社交和情感陪护领域，人工智能已经有所突破，如人工智能小冰。

作为具有特殊功能的机器人，教育机器人的主要目标是培养学生在实践、创造及分析方面的能力。教育机器人以语音识别等技术作为核心，可以在教学过程中与学生进行互动，在有效缓解教师工作负担的同时，对教学效果予以优化。

机器人教育和教育服务机器人是黄荣怀等人对教育机器人的划分：一种是主要载体为机器人的机器人教育，其主要是引导学生观察、设计、拼装、操作机器人，并借此有效激发他们的学习兴趣、锻炼其思维能力，以及培养其实践和创新能力。"玩中学"成为学生的主要学习方式，知识能够在实践中获得应用。目前，将机器人教育归入正规课堂在部分学校还未能实现，机器人教育多数体现在课外活动、兴趣班等范围。通常需要校方选购所需的器材、散件等，并由专门的教师指导学生独立完成。另一种教育服务机器人是一种特殊的机器，其能够独立完成与教学有关的工作，此类机器在现阶段已经得到较大范围的应用，并逐渐获得大众的了解。例如，2017 年，智能教育机器人挑战了当年的数学高考题，在社会上引起了广泛的关注；百度公司以人工智能为基础，对"名师 + 机器助教"的教学模式展开更加深入的研讨；科大讯飞等公司相继向社会推出了个人陪伴教育机器人，其首款产品就是"阿尔法蛋"。

通过我国教育机器人的发展现状可以看出，其主要有两种类型：一是益智陪伴类机器人。其核心功能就是在陪伴儿童游戏和学习的过程中，能够通过多样的方式开展教育，在玩的过程中对儿童学习进行合理有效的启发，使他们在潜移默化中建立良好的习惯，比较常见的包括智能玩具等。二是辅助教学类机器人。其主要的应用领域就是教育领域，对教学活动予以支持，现阶段在日常教学活动中比较常见的有机器人教师、特殊教育机器人等。

1. 益智陪伴类机器人

在完成固定的教学任务过程中，机器人更容易获得儿童的好感，并能够让他们更加专注地进行学习。在双方教学交互过程中，机器人不但可以培养儿童的表达能力，而且能够最大限度地激发他们在想象和创造方面的能力。儿童时期是人类发展认知能力的重要阶段，而上述能力对此是具有支持作用的。如名为"达奇"和"达达"的两个小机器人被相继推出，其能够帮助大于 5 岁的儿童学习编程，进而充分激发其想象等方面的能力。

2. 辅助教学类机器人

"Saya"是全球首个机器人教师，是 2009 年由日本制造的，其问世后被投入东京某小学，负责完成部分教学工作。在工作期间，其可以使用不同语言与学生展开交流，解答学生提出的复杂程度较低的问题，并能独立完成安排学生作业、点名等教学基本工作。除此之外，其还可以做出非常人性化的表情，如喜悦、哀伤等。韩国也对机器人教师的应用积极进行推广，自 2009 年开始陆续向小学投入了 30 个蛋形机器人，它们主要负责英语课程的教学，在学生中大受欢迎。实践结果表明，学生学习英语的积极性可以通过机器人得到调动，并产生兴趣。机器人教师的报道在中国也不断出现，在部分学校已经开始进行测试。北京师范大学与网龙华渔共同研发的"未来教师"机器人，有助于作业批改等工作，而且可以借助相应设备准确了解学生的身体状况，如果学生出现身体不舒服的情况，教师就会接收到机器人发送的信息；此外，其还可以完成监考工作。目前，我国部分高校也开始尝试使用机器人教师，如江西九江学院的"小美"等。

二、人工智能时代对教育变革的影响

根据教育部门的要求，教学改革在未来的大趋势就是教育变革，教育变革的序幕已经随着人工智能时代的来临缓慢拉开。人工智能时代的教育变革是指在课堂教学中运用大数据挖掘技术、移动互联网技术和人工智能技术作为教学的技术支撑，新一代信息技术与课堂教学深度创新后，在新的课堂教学模式中，教学目标、方法、内容、关系、地位、环境、结构出现全方位的变化，课堂教学领域出现翻天覆地的变化，所以教育变革已经成为对课堂教学的一次全方位改革，传统意义上的教学模式被彻底颠覆和改变。

（一）人工智能动摇了传授知识的传统教学根基

传统教学方式的核心内容是对知识进行传授，其是在大工业生产对劳动者基础知识和基本技能的学习和培训需求的要求基础上建立的。根据传统教学内容的要求，知识和技能是经过现实验证的，学生只需要学习这些固定的知识和技能即可。但是近年来，随着科学技术的发展，几千年来人类知识的生产和传承方式被移动互联网技术打破，由于网络技术的加入，知识的生产和传播方式被彻底改变。在人工智能时代，公众根据一定的标准对知识种类进行了划分，即硬知识和软知识。其中，硬知识指的是固定性较强、公众和专家认可度高的知识；不稳定、可以被改变的知识就是软知识。

长久以来，学校的课堂教学中所传授的知识就是硬知识，而在信息化时代出现的新知识多是软知识。随着智能机器的加入和深度学习技术的出现，知识的更新速度越来越快，变更周期日益缩短，硬知识在校园教育和知识系统中的占比在不断缩小，而软知识在学生知识学习中占比逐渐增大，因为快速传播和快速更新是软知识的特点。更为重要的是，随着互联网技术的发展和人工智能技术的突起，许多硬知识已经不需要人们再进行专门的学习和记忆，因为智能机器人和平台的加入，在互联网时代，人们可以通过线上自主获取想要的信息资源，所以互联网和人工智能取代了知识的简单背诵和记忆。个性化学习和自适应学习已经成为最重要的学习模式，学习者需要培养的是信息获取能力及分析能力，掌握这些能力之后再进行自主学习，在课堂学习中掌握新的知识，一个更加重视个性化教学的智慧课堂时代即将到来。

（二）人工智能颠覆了教师讲授的传统课堂中心

随着信息技术的快速发展，体验、发现、创新和探究式的课堂逐渐取代了传统的讲授、背诵和记忆式的课堂，传统的教学模式已经被颠覆，教师不再是课堂的中心，教师需要借助新的互联网技术和人工智能技术对自身职能进行转型。线上教学模式将会取代传统的线下课堂模式，而以线下课堂模式为主业的教师，其失业风险显著提升。人工智能无法完全代替人类教师，但是基于目前人工智能技术的发展情况判断，将会有一部分教师面临下岗或转型的风险。尤为重要的是，传统教师观、教师角色和培养培训体制受到 IT 领域企业的影响，各种教育培训机构也会受到大规模的冲击，所以目前的教师培训院校和机构需要保持清醒的意识，做好各方面工作，准备迎接新的挑战。

在未来的教学活动中，教师不再是传统意义上的知识传授者，而是心理疏导师。其主要工作职能将变为帮助学生调整自我，调整在学习过程中的学习状态和情绪；帮助学生处理学习中遇到的各种问题；帮助学生更好地适应新时代的课堂，学会使用新型教学工具进行自主学习；帮助学生养成良好的学习习惯。教师的转型发展就是为学生制定个性化的学习方案，为学生规划好学习计划，帮助学生建立良好的学习方法和状态，辅助其将外在的知识转变为内在的知识。教师需要全程跟踪学生的学习状态和进展，根据学生的反馈信息为其提供良好的建议，成为学生的顾问。在当今时代，教师的专业发展需要适应社会发展，教师要对自身职能进行转变和调整，运用各种新技术，抛弃传统的教师角色与功能，改变传统的职业发展观念，这样才能跟随时代发展成为一名合格的新时代教师，符合人工智能时代对教师的需求。

（三）人工智能翻转了传统课堂的结构与场景

计算机视觉技术、智能语音技术和自然语言处理是新一代人工智能的三大主流应用技术，在在线教育和智慧课堂中已被广泛应用，显然，目前我们已经进入了智慧学习的发展时代。伴随课堂教学与人工智能技术的结合，借助人工智能的强大功能，新的课堂教学模式将更加先进，功能将更加齐全。人工智能可以帮助学习者大幅提升学习效率，人工智能的加入，在课程资源的优化配置、突破学习时空的限制、实现课程教学的公平性、满足学生学习的差异性等方面具有重要的促进作用，所以人工智能新技术和教育活动相结合，可以帮助课堂教学实践实现更好的发展，促进教育变革事业更好地向前推进。

智慧教育、智慧课堂、个性化教学、智能教师、自适应学习等新事物将随着人工智能的发展而出现，学校、教师、学生、课堂等教学因素都将出现巨大的变革，会遇到很多挑战，也会出现许多发展机遇。随着人工智能新技术的发展，新的教育变革方向越来越明显，人工智能与教学实践相结合，从根本上改变了传统的教学模式和课堂模式，促进新的教育观、教材观、课程观、学习观的出现，重新塑造全新的教学模式。

第三节　人工智能的基本特征及教学的意义

一、人工智能的基本特征

（一）深度学习

深度学习是人工智能呈现的第一个明显的特征。谈及深度学习，大家不由得会想到世界围棋冠军李世石在 2016 年被阿尔法围棋（AlphaGo）打败的事情。实际上，所谓深度学习即依靠机器学习的办法让机器能够模拟人大脑的神经思维过程，使计算机拥有和人一样的思考方式。而对处于不同水平的表达的复制要通过层次化的架构来进行，从而有助于处理更为困难的问题，让计算机的能力不断提升。

目前，在包括自然语言处理及语音和图像等各种应用范畴中，深度学习早已获得诸多的发展成果。例如在图像领域，曾经有一段时期很多人都知道可以通过手机摄像确定人的年龄、通过人工智能判断图像中的动物等，很多有趣的视频现在可以通过短视频平台来进行录制。AlphaGo 依靠对获得的棋谱的自主学习，并且通过和自身的多次对决来保持成长，最后成功击败了人类的世界冠军。同时，也有机器人能够依靠对人体大脑处理视觉的过程的掌握和对名画的记录来创造全新的绘画风格，这都展现出了深度学习的能力。

机器翻译及语义挖掘等方面的应用是自然语言处理的主要领域，比如能够通过语音的输送来获取相关信息的苹果手机的 Siri 的使用，能够根据人的语音提示来进行智能表达小说、行文及音乐等艺术类型的"天猫精灵"等智能音箱的产生。不仅如此，在演讲活动当中，很多智能翻译程序都可以按照屏幕上出现的内容完成中文、英文及各种语言的翻译，极大地节省了人力翻译消耗的时间和精力，并且效果更好。此外，在课堂上，教师能够依靠视频监控设备实时掌握学生的表现，能够迅速关注到学生的学习动态，并对自己的教育教学方式进行调整，使每一个学生都能够积极地参与到教学过程当中，对师生双方都是有益的。在学校或企业中，深度学习也展现出了关键的价值，在输入学生或客户的有关资料之后，教师或企业能够通过深度学习很快地取得各种不同的发展、工作建议。

（二）跨界融合

除上述特征以外，人工智能还拥有的一个特征就是跨界融合。按照党的十九大报告当中提到的内容，应当加速推动制造强国发展目标的达成，推动制造业发展，推进实体经济、人工智能、大数据及互联网的融合发展。此外，国务院发布的《新一代人工智能发展规划》中同样提及了目前中国经济建设步入新阶段，推动经济建设工作离不开对人工智能的合理运用。由此能够看出，人工智能和教育产业的结合是大势所趋。

各种产业在与人工智能结合之后，显然最终能够发挥"1+1＞2"的效果。现今大家能够知晓的是，在医疗领域，人工智能能够与其很好地进行融合，在观看、分析医疗图像的过程中，在人工智能的辅助下，医生判断的准确率大大提升。在诊断、治疗过程中，人工智能还能够做到精准定位、准确治疗，还可以照看病人，大大减轻了医生的工作量，对人的健康生活具备较强的促进价值。在服务产业当中，未来可以在银行服务大厅安置一些机器人，帮助客户处理一些常规事务，同时在车站等场合也能够通过智能识别完成检票的工作，也可以和巡逻机器人联用保证安全。在快餐行业中，智能点餐机能够帮助人们快速点餐，酒店中的机器人助理能够帮助人们解决随时出现的问题，人工智能的辅助，有效地提升了工作效率。一般认为在实际的智慧城市里，人类依靠机器人可以处理好快递产业的绝大多数有关分拣货物的任务，能够准确地进行相关分类；城市中道路拥堵的现象在无人汽车研究完成之后也许会被很好地处理；在生活当中，依靠智能家居的应用，我们的生活必然更为便捷。同样，在教育产业当中，教师可以依靠实时监控设施及人工智能助理等，从大量简单的、重复性的工作中解放出来，能够更加关注学生的真正需要，能够更好地根据学生的个性特点因材施教，促进学生的个性发展，能够引导学生更好地成长，使其塑造健全的人格。上述内容都体现了跨界融合的价值。

（三）人机协同

人工智能同时具备的一个特征为人机协同。具体来讲，人机协同即人与机器协同工作，在各自所擅长的领域发挥应有的功效。根据牛津大学、花旗银行共同发布的资料能够看出，预计到2040年，我国会有大概77％的岗位消失或被智能机器所取代。消失的岗位包括在流水线上从事各项工作的工人，以及一部分外行人认为比较高端的工作，如记者、律师及会计等。在未来20年当中，过去人们熟悉的许多岗位都将被智能机器取代，销售员、法务助理、柜台服务员，以及前台、信贷员等岗位有很大概率将完全被智能机器替代；而厨师、保安及出租车司机等职业被替代的概率为80％；记者失业率较低，只有11％；程序员失业率则有48％。按照麦肯锡全球研究院针对约2000种产业展开的研究，我们能够明显地看出目前人工智能机器在一部分工作上，包括自然语言处理、感知能力等方面都有能力达到人类的水平，甚至对自然语言的处理比人类的能力更强。按照《未来简史》对将来发展的预测，教师这一岗位会被机器人替代，这使人们产生了恐慌感。实际上，在工业革命阶段也曾发生过这些问题，在发展当中，劳动力和就业结构必然会发生变化，将来人机共存是必然趋势，因此应当懂得和机器更好地相处，双方共同努力，推动社会发展。

进入智能时代之后，人类与机器人应当一同处理各种工作。人类负责进行具有人文关怀价值和创造性的工作，机器人则重点处理重复、枯燥的工作。所以进入人工智能时代之后，由于有关创意和关爱的工作是人工智能所不能够完成的，因此理性的分析思考主要由它来负责，而机器所分析出来的结果要通过人类用温暖和关爱来传达。比如：在医院里，如果你的患癌概率及生命时长的信息由智能机器直接告诉你，听到这个消息时你会感觉到很冰冷，但是如果医生告诉你，某人通过接受治疗，最后这个病得到了痊愈，那么你一定会感觉到重燃希望，并对自己能够康复树立了信心；在教育领域中，学习者学习的数据能够通过机器来进行分析并设定具有差异性的课程内容，但个体的社会化行为及学习过程都要依靠交互功能完成，这意味着通过机器得到的最佳计划应当通过教师或同伴之间的交流完成。所以，进入人工智能时代之后，机器是为人服务的，是由人控制的，它无法成为主导者。在未来的生活当中，人们需要和机器共处，未来需要人机协同交互。

二、人工智能时代教育变革的意义

（一）人工智能为实践终身学习理念创造了条件

在人工智能时代，关于学校和学习的概念将发生创新式的改变，学校和线下课堂不再是学习知识和准备就业的唯一场所，只是人生中的一个学习阶段。随着信息技术的高速发展，未来的教育将会走向终身教育，社会也将变为学习型社会。

终身学习是一种独特的学习模式，不再受到具体时空的限制，被无限扩大，其概念特征包括以下三个方面。

（1）学习是一个人持续一生的活动，终身学习的前提是学会学习。

（2）学生的学习动力来自自身，人们开始认识到学习的重要性并将其作为日常生活的一部分，使学习与生活联系在一起。

（3）实现终身学习的外在条件：学习者拥有全面、多样的学习途径来进行学习，而且其学习活动不受时空的限制，可以随时随地开展自主学习活动。每个人都有学习的权利，同样，每个人都享有同等的学习机会和广泛的学习途径。

随着人工智能技术和信息技术的发展，具有交互功能的信息资源的丰富性在网络的支持下有所增强，智能学习平台的构建使得受教育者拥有个性化的学习渠道，各种不同的学习资源能够让受教育者的学习效率有所提升，校园教育的不足和缺陷及受教育者的需求得不到满足等问题得以解决，人工智能时代教育转向终身学习理念。

虚拟化的教学环境、共享化的学习资源及互动性的教学交往使得学习越来越倾向于社会化，随着人工智能的快速发展，一个不受时空限制、学习机会众多的学习型社会将会到来。由于共享课程资源的丰富性，学习的门槛大大降低，以往必须在大学才能学习的知识，现在在某种意义上对所有人开放，学生成为自主学习的参与者和创造者，学习过程也会充满自由和乐趣，学习成为人们追求自我提升的基本权利。

（二）人工智能为教育变革提供了技术支持

1. 人工智能为教师优化教学提供了技术支持

通过人工智能技术，课程内容将变得更加全面化和多样化。人工智能技术的出现彻底改变了传统授课内容，改变了课程教学的单调和枯燥，使内容呈现方式更加多样化。在人工智能时代，智能学习平台为学习者提供丰富的学习资源，虚拟现实技术使得学习者身临其境地感受知识的巨大魅力，可穿戴设备让学习者真正感受到知识的巨大力量。借助人工智能的支持，学习者的学习兴趣大大提升，在学习活动中的参与度更高，学习积极性更强，学习效果更佳。

人工智能技术带来的教学数字化，使教师可以自由而高效地编撰课程知识，并从传统教学烦琐的课程内容中脱离出来。由于人工智能的强大功能，教师还可以拥有丰富的教学资源库，可以选取合适的教学内容为教学服务，而课堂也将成为学生在线上进行自主学习的自由空间。

人工智能技术还将为教学提供多样化的真实场景。借助真实的学习场景，学生在学习活动中参与度更高，更加明确学习目标，可以充分进行体验式和探索式学习，在解决问题的场景中进行自由学习。在过去，因为教学手段和工具的局限，教师难以开展丰富的教学，一味地向学生灌输知识，学生学习到的也只是抽象的知识，不能与现实生活产生密切联系，所以难以有效解决问题。

借助人工智能技术，教师可以在教学活动中创造多样化的真实场景，同时向学生展示多种教学内容，如文字、图片、声音、视频等，利用各种功能强大的软件系统，教师可以创造自由的场景和空间。以思想品德课程为例，教师在介绍先进人物的故事时，可以借助图片、视频等多种形式来呈现，用多种视听体验来感染学生，使教学效果更佳，学生也会更加投入。在天文学课程中，教师可以通过人工智能技术来模拟真实的天文场景，如公转、自转、流星等的运动过程，学生在看到模拟的真实场景后，对知识的掌握程度更加深刻。在进行历史学科的教学时，教师可以选取历史中的考古成就，用与历史相关的档案视频或图片向学生展现课程知识，让学生在真实感受历史场景的过程中接触历史知识，加深对知识的掌握程度。

近年来，虚拟技术获得快速的发展，在教学活动中充分使用该技术，通过刺激学生的视觉、听觉、触觉等，为学生创造一种模拟现实的真实场景，让学生在真实的场景中进行自由学习和体验，使学生犹如身临其境，仿佛接触到真实发生的事件，可以充分提升学生对知识的理解程度。这样的教学方法使教学效果更佳。

人工智能技术还可以为教学提供交互支持。根据相关学者的研究，高效教学的前提之一是师生间自由的互动，然而，因为各种条件的限制，在传统教学活动中，师生之间的交互不够充分，存在明显的信息不对称现象，学生在教学活动中完全是被动的，只能跟随教师进行被动的学习。在传统课堂上，一名教师需要应对多名学生，所以学生难以表达自己的思想和观点，只有少部分学生才可以充分表达自己的观点，因为信息交流少，所以课堂的教学效率也很低，学生对知识的理解有限，教师的教学达不到预期的效果。

随着人机交互技术的快速发展，新的人际交往平台已经出现，教学信息的传递不再是单向的，而是多向的。在教学过程中，师生之间的互动更加频繁，教师可以随时看到学生的反馈信息，向学生提供个性化教育，对学生开展针对性的培养。师生之间可以通过多种信息交流软件进行充分交流，而且交流信息更加自由，学生在学习中遇到问题时，可以随时向教师反馈，教师可以根据学生的反馈开展自由教学，随时答疑解惑。借助网络教学渠道，某一专业领域的专家也可以参与教学活动，在线上与学生进行交流，师生之间体会到自由的交流，学生的学习动力更足。

2. 人工智能为促进学生自主学习创设了学习生态环境

首先，人工智能技术可以为学习者创造多样化的信息资源。在传统学习活动中，学习者的学习情况既受到个人主观意志的影响，也需要恰当的学习环境来支持。但是在理想的教学活动中，学生可以进行自主学习，自主利用教学资源，自主解决所需问题，学习活动成为学生进行自由体验和探索的过程。所以，充足的学习资源和学习工具是学生进行自主学习的必要前提，良好的信息技术环境能够支持学生不受时间限制，自由地进行自主学习。

借助人工智能技术，丰富的课程资源选择成为可能。学生在自主学习的过程中可以充分使用线上多种学习资源，可以随时查找需要的学习资源进行自主学习，可以通过文本、图片、视频、声音等多种资源形式进行自主学习。这些学习资源完全突破了传统意义上的学习资源，可以帮助学生更好地学习知识，展开创造性学习活动。

人工智能技术提供了强大的交互工具与合作平台。利用多种形式、功能强大的网络平台，学生可以在线上开展多种形式的学习，借助信息技术进行多样化的学习，学习活动种类更多，学生的学习动力也更强大。

其次，人工智能技术可以提升学生的自主学习意识，强化学生的自主学习能力。借助人工智能技术，迎来的是自主学习时代，学生可以进行充分的自主学习，主要原因包括以下四个方面。

（1）人工智能技术满足了学生的学习渴望。人的属性之一是主动性，每个人都是独立的个体，在本质上都不愿意被他人控制，所以每个人都渴望可以进行自主活动和选择。人一旦做出自主选择，并进行相应的活动，人的精神就会是愉悦的，因为那是自主做出的选择和活动；相反，如果一个人被外界的事物控制，内心就会感到不平。发达的信息技术可以让课程内容更加丰富多样，可以向学生展示多样化的信息，激发其学习兴趣；与此同时，学生在利用信息工具进行自主学习的过程中，会体验到自我控制的快乐和自由，感受到自己是自己的主人，所以学习后的学习成就感和价值感也更强烈。

（2）在自主学习过程中，学生可以获得强烈的自我效能感。在信息技术的基础上进行自主学习，学生所掌握的知识更加丰富和多样，可以逐渐学习复杂的知识和技能，掌握难度更高的知识和技能。在这样的过程中，学生的自我效能感持续提升，最终达到一个新高度。

（3）学生的自我管理能力持续增强。通过虚拟现实技术、信息技术等带动学生进行自主学习，在此过程中，学生可以进行自我调整，可以根据自己的学习进展和学习动态，自行制定合适的学习方案和计划，让学习活动控制在自己的最近发展区内，通过持续的尝试和练习，学生的自我管理能力持续增强。此外，学生可以利用档案评价技术，对自己的学习成果进行评价，在学习过程中不断进行自我反思和调整，不断改进自己的学习活动。这样的自我反思和自我调整能力还可以被学生迁移到其他场所，使其真正感受到学习的乐趣所在。

（4）通过发达的信息技术，学生在自主学习过程中还会收获一种强烈的情感体验，感受到自我价值的满足，感受到自己被尊重，感受到自身适应社会、与他人交流的能力有所增强，并在和外界不断接触的过程中持续提高自身的学习能力和调整能力，从而获得他人的肯定，使其自我价值感得到进一步满足，获得多方面的收获。

第四节　人工智能时代教学活动要素的变革及新理念

一、人工智能时代教学活动要素的变革

为了深入地分析人工智能时代有关教育工作的变革，这一章重点分析教育工作受到人工智能技术怎样的影响。实际上，教育过程受到人工智能技术的影响，大多数时候都是在转化成环境、工具或者教学资源的过程中实现的。本研究通过对相关学者的访谈内容进行梳理，拟从教学目标、教学内容、教学环境、教学评价这四个方面来解析人工智能对于教学活动要素的影响。

（一）教学目标的变革

自动化越发成为人工智能时代行业生产方式发展的新方向，产业结构和劳动力市场体系在这一趋势下有所变更。从传统意义上来看，能够成为在某方面有所建树的知识工作者如律师、医生等是学习者接受教育的主要目的。但在该背景下，知识工作者处理的大部分问题都可以依靠智能机器人处理，一些时候机器人的工作表现更佳。由于人工智能技术的发展，知识工作者的工作价值变得和体力劳动者相同，在过去的社会发展中产生的劳动力市场架构、就业体系全部发生了重大的改变。这样的重大影响深刻地改变了教育本身，由于工业社会发展而产生的功利趋势在这样的背景下需要被褪去，对于人类智慧和人工智能的差别之处需要人们重新思考，呼唤人性本质的觉醒。进入新的时代，人类自身的价值与定位会被重新定义、重新探索，人才的定义也会发生变化，因此推动了教学目标间接地发生变革。

2016 年，我国发布了《中国学生发展核心素养》研究成果，目标是解决中国的教育应当培养怎样的人才的问题。详细来讲，就是受教育者在不同层面的能力与素养能够达到适应社会环境变化和推动自身终身学习的水平，包含了人文素养、社会责任、科学研究，以及历史文化等不同的素养。在欧洲

的诸多国家中，基础教育产业最具代表性的国家是芬兰。芬兰政府不但关注对学生自我表达、独立思考能力的发展及对知识的获取，同时也关注对学生日常生活技能、人身安全、自主学习能力和创新性的培养。当今时代背景下对于学生的培养在 2014 年专门发布的《国家基础教育核心课程》中提出了政策指导。

现今，教育政策在人才培养目标方面具有长远的思考，能够明显地展现人工智能等技术手段的发展，同时表现出动态性、科技化和迭代速度快的特征。所以，对学生自身的创造力、交流合作能力、灵活适应能力、自主学习能力等都要有足够的关注。但在实际的教育工作中，一般需要较长的时间才可以达到这种效果，因此在当前技术迅速发展的环境下，应当调整人才培养的基本目标，同时对教学系统设计当中的教学任务展开引导。

为了加深人们的理解和认识，通过"Why – How – What"模型针对人工智能和布鲁姆教学目标分类理论当中提到的创造、评价、分析、应用、理解、记忆六个层次目标的关系展开分析，也就是判断教学任务在不同层次发生变化的原因和具体过程，同时分析涉及人工智能之后，教学任务在不同层次的具体情况。"Why"代表对教学任务展开变革的原因，人工智能对某个层面的认知目标将产生怎样的影响，又会为过去设计的目标带来怎样的变化。"How"重点分析导致变化的内容，师生双方发挥了怎样的作用，人工智能系统又发挥了什么作用。"What"代表研究通过与人工智能技术的融合，不同层级的发展目标会变成什么。

（二）教学内容的变革

1. 新增人工智能相关的课程

目前，大部分国家都认同在基础教育时期开展人工智能教育，同时也有许多国家提倡将人工智能划入技术类教育范畴当中，也可以推动高中教育时期人工智能技术的落实。在过去的新课标当中，对人工智能课程的要求是让学生体会、了解人工智能技术，偏向价值观与情感教育，因此人工智能板块的教育工作与信息技术的相关课程板块比较，教学成果并不明显。但是根据

2017 年公布的《普通高中课程方案和语文等学科课程标准（2017 年版）》，开源硬件项目设计、三维设计与创意、数据与数据结构、人工智能初步等都被列为选择性必修板块的内容。与过去着重强调基础软件应用的区别在于，新课程标准中显著提高了对人工智能、开源硬件、网络安全，以及计算思维等与编程、算法有关的知识的要求，使得教学成果更加显著。

中国各大学术机构先后出版了关于人工智能的教材，如《人工智能（初中版）》及《人工智能基础（高中版）》，还有华东师范大学出版社出版的"AI 上未来智造者 —— 中小学人工智能精品课程系列丛书"。各种有关人工智能教材的发布不但表明了人工智能教育逐步进入了基础教育领域当中，同样对教育工作者更好地落实对人工智能的教育工作起到了推动作用。

目前，在中国的高等教育产业当中，人工智能领域出现了包括深度学习、机器学习等与人工智能相关的重要分析工作，更有一部分在广义信息论、生物医学等重要学科中运用人工智能的相关分析工作。在中国的科研产业当中，高校是非常重要的构成部分，引导了中国科研的基本潮流与方向，面对目前人工智能的发展环境，需要投入足够多的人力、物力到人工智能产业当中，同时不断提升学生对目前的科学技术的理解和认识水平。

2. 关注人机协同的能力

从目前来看，人类社会正在渐渐从以数字技术为中心转向以智能技术为核心的信息社会时代，也就是所谓的智能时代。在将来，人机协同工作有很大概率变成主流方向。人工智能不仅可以依靠保留操作记录、转变任务表征方式及承担认知压力等途径帮助人类更有效率地处理各种复杂问题，还能够依靠和人类的合作形成合力，从而逐步加深理解，更有效率地达成认知目标。《人工智能标准化白皮书（2021 版）》中同样提到了现在的人工智能技术发展目标，即怎样把机器和人类联系起来，从而建立强型混合智能体系。要想达成这样的目标，我们也要时刻观察将来的技术发展趋势，掌握有关技能，顺应时代潮流。

假如教师或学生中的任何一方难以适应将来人工智能和人类共处的情况，那么教育产业的发展必然是不容乐观的。所以全体人类，尤其是教育产业从业者，更应当深入地掌握人机合作的特点，明确人类智慧和人工智能的内在联系，从而达到人与人工智能共存的效果。

3. 关注人文学科的知识内容

按照教育部 2016 年公布的《中国学生发展核心素养》，其中提到了"主要表现描述"及"基本要点"等内容，详细介绍了诸多关键的、高级的、共同的素质，绝大多数素质实际上都是"软素质"。不仅如此，对国家课程标准展开变革的目标是培养出优秀的设计型、研究型人才，应当把教育内容聚集到人类具备优势的领域当中。

而人文科学目前探究的问题，恰恰是人类的优势领域及软素质，相当于人工智能难以应对的岗位。各种人文学科，包括哲学、社会、人文、艺术及美学等，都针对和人相关的内容展开了分析，坚持不断地产生新知识。其和理工科的区别在于，并没有确切的答案或成果，因此认知科学获得重大发现以前，教学内容同样应当重视对学生人文素质的培养，提高学生的创新能力，转变过去死板的教育方式。

（三）教学环境的变革

一般来说，教学环境非常复杂，具有诸多的要素，而学术界对此的理解包括狭义、广义两种。狭义的教学环境代表在班级内与教学相关的各种因素，包含班级氛围、规模及师生关系等。广义的教学环境代表和学生教育工作相关的，包括心理环境和物理环境等各种因素。

同时，教育技术理论认为，教学环境、学习环境这两个概念是等同的，在内涵上不存在差异。吴鹏泽等则提出，学习环境应当包括学习社区、技术工具、信息资源、社会心理情境及物理情境等因素。以钟志贤为首的专家关注在学习过程中客观环境产生的影响。其提出，有效地进行学习生活的重要条件就是理想的客观环境，客观环境直接关系到最终的学习成效。教学环境自身的内部结构、角色定位及功能等要素由于技术的影响逐步产生了重大的改变，历经官学、私学等过程，最后发展为具备现代特征的班级授课制。在这一章节中笔者综合对教学环境的深入研究，从互动形式、

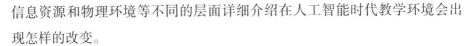

信息资源和物理环境等不同的层面详细介绍在人工智能时代教学环境会出现怎样的改变。

1. 物理环境

以空间布局情况来说，进入人工智能时代，空间布局整体会更具层次性、灵活性。首先是层次性。空间布局发生的这种变化为人工智能技术支撑下的差异化教育及混龄教育创造了条件。依靠隔间等方式创造较为独立的教育空间，从而推动不同教育活动的进行，保证小组或个人在异步学习的基础上，互相的影响被削弱。其次是灵活性。由于教学任务受到了人工智能的影响而发生变化，因此以项目为基础的教学工作、自主研究学习、人机协同合作学习等不同的教学组织方式在教育工作当中会被广泛应用。这意味着教学环境需要可以灵活切换的物理环境。不仅如此，在教学条件下的桌椅摆设、色彩、明暗、湿度及温度等因素都能够根据学生自身的需要和师生交流的需要进行调整。教学环境和人工智能技术结合之后，不但可以让师生双方拥有更好的课堂体验，更能够随时感应学生的状况，从而改变推送方式。

2. 信息资源

对教学环境的一个构成要素——信息资源，人工智能技术同样会产生影响。接下来笔者会从信息资源的生成途径、资源组织方式及资源承载媒介三个角度展开阐述。以信息资源的生成途径来说，在人工智能环境下，其生成途径会从过去的普适性学习渠道及静态的学习过程转变为差异化的学习渠道及动态的生成性资源。以资源的组织方式来说，按照学生的具体情况，把符合学生状况的个性化学习内容、规划和资源迅速发放至学习终端，并且教育过程不会因为信息传递的过程受到影响。以资源的承载媒介来说，其不仅包括已经出现的交互式白板、无线投影机等设备，还包括先进的3D打印机、虚拟现实设备和教育机器人、智能教学平台等，上述设备都能够让师生双方更便捷地完成对资源的获取和学习。

3. 互动形式

依靠语音互动、视觉和触觉等智能技术的支撑，人机界面交互越发趋向于模糊，整个过程更为顺利、便捷，不再需要依靠外挂完成。过去主要依靠线上空间的教育模式逐步变成了线下、线上相结合的模式，并且在智慧教学背景下，诸多数据处理能力非常强、内存足够大的集成终端也可以保障互动过程的流畅性。不仅如此，依靠智能教学环境，可以对存储空间中所有师生的操作过程展开记录、追踪，从而更好地帮助教师展开决策、帮助学生自我评价。

英特尔（Intel）在其发布的"未来教室"宣传作品"桥梁工程"当中展现了许多的智能技术，具体来说包括 3D 打印机、集成学习终端、多屏互动、无线网络及自然交互等供学生操作的智能化互动学习平台。依靠智能化教学环境，以项目学习为基础的教学组织方式能够更好地支撑教学系统主客体的智慧发展。这一事例表明依靠人工智能技术，互动教育步入了全新的阶段。

（四）教学评价的变革

在过去的教育条件当中，很难真正落实过程评价、个性化教育，因此对学生的学习成果展开评价常常需要依靠学习的纸笔测试，偏向于结果评价、群体评价，忽略了和个人情况相适应的个人成长、过程评价。根据"21 世纪技能联盟"明确的设计评价应当遵守的基本准则，校方应当对"形成性评价""总结性评价"方式展开调整，同时需要把各类评价划入持续开展的教学工作当中，同时评价本身应当有所侧重，不应当五花八门，最后合理运用 21 世纪的技术完成评价。进入人工智能发展阶段，对教学评价进行调整，应当遵守上述原则，同时着重强调人工智能技术具有的创新性，针对各种与学习相关的要素展开评价。

对人工智能技术展开合理的运用，让个性化学习评价有机会被落实。依靠大量的数据资料对师生交流情况、学生大体状况，以及教师评语、学习途径等各种线上的学习过程展开评价，从而精确地掌握学生在学习过程中的具体行为情况，完成对学生的个性化、过程性评估。同时，应当通过知识清单、知识地图等方式对学生完成评价，形象地展示学生的知识学习状况，避免结果性评价的不足与缺陷。

应当注意的是，关注过程性评价，不代表要完全放弃总结性评价。在人工智能环境下，教学评价应当包括总结性、过程性及个性化等特点，属于双向甚至多向的评价，把线下、线上教学的所有内容划入评价范畴当中。双向甚至多向评价的具体方式是，任何方式的评价都应当联系学生开展，让学生更好地了解自身情况、调整学习方式。

二、人工智能时代教育变革的新理念

本部分内容将人工智能聚焦到教育领域，对教育变革的新理念进行分析。以人工智能为背景，分析教育变革的新理念能够为人工智能时代的教育变革提供依据，具有承上启下的过渡作用。我们在分析人工智能时代教育变革的新理念时，采用的方法是案例分析法。本研究对案例进行相关分析，从混合式与自适应学习、个性化教学及课堂智慧化等不同的层面研究人工智能时代教育变革的新理念。

案例一：

以柏林工业大学的 Alex（亚历克斯）人工智能聊天机器人助教为例。

自 2017 年起，柏林工业大学的所有学生都能够和智能聊天机器人 Alex 进行接触。学生能够选择与 Alex 展开交流、互动，在课程的具体信息方面不再需要通过在线时间表来搜索，只需要将正常的问题和需求输入给 Alex，Alex 就可以进行相关问题的回答。比如对学生来说，常见的问题包括课程的具体上课时间是什么时候、授课教师是谁、要参加哪些考试，Alex 都可以流畅地回答，同时还会向学生提供一些其他的重要信息，满足学生的更多问题需求。

Alex 是由柏林工业大学的博士生蒂洛·迈克尔（Thilo Michael）和其他研究人员共同研发制作出来的。研究者在分析过程当中设计了一项试验，规定 30 名学生通过学校目前的课程系统测评 Alex 的情况。按照机器系统的规定，学生首先应当明确希望获得的信息，但出现了学生不懂怎样过滤无关词的问题。而在应用机器人之后，学生可以更高效地找到对自己有用的信息。学生在使用机器人后，完成任务的时间只需要 1 分钟，但是如果使用现有的其他系统，完成相同的任务所花费的时间则需要 5 分钟。参加完试验后，所有学生对 Alex 的可用性的评价都很高。

案例分析：Alex 是一款智能机器助教，可以帮助学生在学期初高效率挑选和组织新课程，大大节约了学生的时间，学生都认为 Alex 可以和人类进行互动交流。在许多大学内，机器人只能帮助学生查询关键词，然后依据该关键词找到学生需要的答案，但是 Alex 可以理解一整句话，不仅仅是某个关键词。它还可以尝试缩小搜索范围，节约学生的查询时间，只需要短短几秒钟就解决了学生需要花费大量时间查询的问题。

在与学生进行交互的过程当中，Alex 通过对自身取得的数据的研究，可以试图掌握学生提出这一问题的实际目的，让每一个学生都得到符合其实际需求的结果。Alex 依靠差异化服务提高了学校教育工作的效率。

案例二：

美国普渡大学课程信号项目。

美国普渡大学借助大数据分析技术，推出了一个课程信号项目，用教学评测来干预教学行为。目前，该系统已经实现了商业化，美国许多大学都在使用。对该案例进行深入分析，可以全面了解人工智能对教学评价的影响。

课程信号项目的原本目的是促进学生的学习进步。该系统的主要方式是收集学生在学习过程中的信息数据，对这些数据进行汇总和分析，然后利用 SSA（一种高效的二进制乘法算法）算法在对这些数据进行分析的基础上，预测学生的学习行为，旨在发现学生在参与这一课程的过程当中有无错误理解的风险。该课程的教师能够依靠平台方提交的算法、模型，在教学过程中针对学生的学习成果和状况展开研究，之后进行介入，从而让学生获得符合其实际情况的课程种类、资源。在分析时，重点获取的信息包括最终成果、学习行为，以及课程表现、学习特征等，

161

通过及时的信息反馈，分析学生的学习行为和表现，对其中的不良状况进行干预。通过应用该系统，普渡大学的学生的学习效果和学习成绩都明显获得大幅度的提升，可见该智能化平台在实践应用中的效果比较出色，也正是基于这样的效果，其他学校也纷纷进行模仿，同时采用了该系统。

对这一智能系统的运用让普渡大学的学生成绩、学生保有率有了明显的提高。对 2007 — 2009 年的学生保有率资料展开研究之后发现，选择使用课程信号系统的学生的最终保有率显著超过没有使用这一系统的学生。同时，对于使用课程信号系统之前、使用课程信号系统之后的相同课程，学生最后获得的成绩也有差异。应用之后，成绩判断 D、F 的学生比例降低了 6.41%，成绩判断 A、B 的学生比例提高了 10.37%。

案例分析：课程信号项目在研究和推进中使用了大数据、人工智能、深度学习等技术，在对学生学习过程中表现出来的数据信息进行全面的收集和分析的基础上，分析学生多方面的学习数据，帮助学生找到适合自己的个性化学习方案和计划。教师也可以随时上平台进行查看，根据学生的反馈随时调整自己的教学计划，展开创新化教学。在人工智能的帮助下，师生之间的关系也将更加和谐，从而推进教学改革事业，实现个性化教学。

案例三：

美国亚利桑那州立大学的主动学习与克奈顿公司自适应学习系统。

亚利桑那州立大学教师于 2011 年通过分类教学模型调整了过去的教育模式，把学生自适应技术和主动学习结合了起来，开发出一款智能化教学应用平台。其主要功能是借助智能化技术，帮助学生更好地完成整个学习过程及对各种记忆性知识的获取。其中，教师占据了主导地位，基本作用是和学生展开交互。

在教育过程当中添加了自适应学习技术之后，学生能够按照自己的实际需要完成学习过程，同时也可以选择符合自身需要的教育内容。此外，这样的课堂教学模式主要是自主学习，教师和学生需要进行面对面的沟通，在活动中完成学习任务。教师需要发挥自身作用，对学生加以引导，使学生进行主动学习。虽然学生要进行主动学习，但是教师在其中的参与度很高。在传统教学模式中，教师在课堂中占据主导地位，教师的主要目的其实只是传递知识信息。在以主动学习为主的课堂教学活动中，教师仍然控制着课堂走向，但是课堂的教学活动开始朝着多个方向发展，可以随时应对各种可能出现的意外情况。在教学过程中，智能技术对教学和师生同时产生影响，教师、学生、智能工具之间形成良性的互动关系，在人机互动中进行高效沟通，学生可以获得个性化学习内容，教师也可以进行自由教学。通过充分的人机互动，教学的个性化特点更加突出，技术和教育被深度融合。

至 2018 年，结果表明人工智能技术对这一学校的影响是有利的。自适应学习主体、教师双方在这个教学系统当中同样充当了主体的角色。过往的七年当中，该校共有超过 65 000 名学生采用了这一自适应学习系统，同时也有 12 门课程参考、应用了自适应系统。以该校开设的生物学导论课来说，过去该课程的教学方式是课堂教学，退学率始终是 10 ％上下，大概 77 ％的学生成绩在 C 级以上。在运用了自适应技术之后，通过教师的配合，学习该课程的学生对课程的认可度有了显著提升，到 2016 年初，这门课程的退学率降低到了 5 ％，有 91 ％的学生最后取得的成绩在 C 级以上。

案例分析：在上述教学案例当中，技术通过生产力的方式，改变了教学设计要素当中的主体和客体，教学工作的主体从过去的学生、教师两方转变为教师、学生、人工智能三方。同时，人机融合交互的方式使教师拥有更多的精力落实高效的教育手段，使学生可以获得差异化的教育。在建立人机融合生态环境之后，提高了教育教学过程的差异化、个性化，推动了教育工作与技术手段的深刻结合。

通过对以上案例的分析可见，传统的学校教育在基于教育领域对人工智能技术的应用中焕发出一片新的生机。在未来，学校教学模式的大规模化体系将会转向更具创新性和以学生为中心的个性化教学。我们一直追求的个性化教育和因材施教的教育理想在人工智能技术的支持下将可能真正实现。因此，探讨人工智能时代的新理念对于教育变革具有抛砖引玉的作用。

（一）课堂智慧化

1. 学习环境智能化

传统教学活动中存在诸多缺点，进入智慧课堂时代后，以前的线下教室将转变为线上课堂，凭借信息技术的支持，智慧化课堂就此实现。根据国家相关部门的最新教育信息化政策，实现教学信息化的目标是建立灵活、智能的教学新环境，而当前出现的包括虚拟现实、大数据及人工智能等技术手段都能够达到智慧课堂的效果，促进教学环境走向智能化，改变师生之间的互动模式。线上成为课堂最直观的呈现方式，教师也不用为了制作慕课和微课花费过多的时间，这些教学方式将成为日常。借助发达的互联网技术，网络课堂将实现教育活动的高度智能化，在线上大量分析信息内容，虚拟助手也会帮助学生进行认真学习，传统的线下课堂教学模式将成为过往。

随着教学环境的智能化，学生的学习场景也变得更加智能，这也是人工智能时代课堂模式的主流。学生可以借助各种新技术获得直观的学习体验，在全身心投入中进行深度学习，学习积极性被彻底激发。利用线上功能众多的智能系统，学生的学习活动将变得更加高效，教师的教学质量也将大大提升，这也是智能化课堂的最终目标。

2. 教育制度弹性化

在人工智能时代，教育也进入全新的发展时代，传统教学模式所依赖的时空被突破，弹性教学模式出现。近些年，网络空间时代已经到来，学生可以在智能手机或电脑上进行自主学习，自己安排学习时间，学习活动更加自由，学习场地也不再受到限制，学习内容变得更加广泛和多样。

首先，学校将走向平台化。学校不再是学生进行学习的必要环境，突破学校界限的学习和学业评价也自动生成，各具特点的人才成长体系和辅导平台成为学校转型的必然之势。学校不再以考试分数作为评价学生学习成果的标准，学生在学习过程中遇到的重难点可以进行反复学习，自由安排学习时间。

其次，进入人工智能发展阶段之后，教学过程当中的时空被彻底颠覆。随着互联网技术不断向前发展，互联网发达的信息技术可以帮助人类实现突破时空限制的连接，所有人都可以在互联网上接收所需要的信息。学习活动也不再受到时空的限制，学生可以随时随地进行学习，按照自己的标准和计划安排学习，学生个人的兴趣和性格成为学习的重要依据，可以根据自我需求进行学习活动。

最后，传统的班级授课制被打破，混合年龄编排学习成为常态，教育周期弹性化，教育制度灵活化。未来，弹性学制和家庭学习将在大数据技术的发展下有效地实现，学习成为生存的需要并伴随人的一生。学习并不是人在某一特定阶段的要求和任务，学习、就业和创业被混合打通，促进学习活动走向创新并终身学习。

3. 学习内容和资源开放共享

在信息迅速发展的时代，信息的传播速度具备及时性，信息的发展带动资源的共享，在信息技术环境下生活、学习和成长的新一代网络原住民，能够在先进技术的支持下获得全天候的信息和资源。现如今，全民处在一个信息化的时代，所有人都被网络覆盖，可以在互联网上收集和获取信息，信息传播手段变得极为丰富。借助智能化的学习平台，每个人都可以在网上收集和学习需要的信息，随着信息技术的发展，共享课堂的建设成为可能。即使学习者所在地域和年龄存在较大差异，也可以学习一样的教学课程，依据人工智能技术发展出来的虚拟助手和教师，可以全天候陪伴学习者，帮助学习者顺利学习。这种情况下的技术可以很好地帮助学生完成学习过程，因此也让师生关系变得更为理想，显著提高了学生的学习效果，缩小地区差异而导致的教育差异，满足所有学生共同的学习需求。

共享学习中心和平台将在互联网技术的发展下受到颠覆性的影响，课堂教学资源不足的问题将从根本上得到解决，使高效且便捷的教育和学习、多样的课程形式、丰富多彩的学习内容有效地实现，共享内容和资源的学习时代已然来临。

4. 大数据驱动教学

在学习大数据的收集、分析和应用基础之上建立的课堂教学将会是未来课堂教学发展的趋势。在物联网、互联网、云计算及大数据等技术不断发展的背景下，移动终端早已走进学校课堂，学生能够带着智能设备到课堂上进行学习；教材和教辅也将走向电子化，学生会身着可穿戴设备，该设备可随时记录学生的学习活动，储存学生的学习轨迹。不论是在课堂上还是在课堂外，智能设备都会收集大量的学生学习数据，综合成大数据分析学生的学习活动，大大提升学生的学习效率。

此外，凭借线上数据信息的传播，教师可以更加高效地组织和评价学生的学习活动。在发达的信息技术的支持下，教学活动中的知识信息能够更加高效、顺畅地被传递，学生获取信息的宽度、深度、广度在大数据的记录下将会有所不同，精准推送服务将在大数据的分析下实现。线上智能系统可以全天候记录学生的学习信息，把学生的学习过程用数据记录下来，准确记录学生学习活动中的每个环节，然后对学生进行有针对性的指导。此外，学生的学习信息可以快速传递给教师，教师可以根据学生的学习信息安排教学计划，反思自身教学行为，预测未来的教学活动。

在未来，教学课程将不再是在封闭的场所中进行，而是在基于互联网的线上空间展开，学生可以与教师在线上进行充分互动，高效率、个性化、智能化的智慧课堂时代即将到来。

（二）个性化教学

当今社会已经进入信息化社会，先进的信息技术已经渗透到社会的各个领域，生产活动不再是单一重复的，而是转向个性化、智能化的制造模式，具备强大创新能力的人才在未来将成为社会所需要的人才，这也将成为教学活动的重要目标。

1. 个性化学习中心

在人工智能时代，传统的以教师、知识、书本为中心的课堂模式将被抛弃，转向个性化教学模式。首先，学习由被动转向主动，自主性的学习意识增强，每个人都是独特的个体生命，每个人在学习风格、学习偏好、学习方式上都存在较大的差异。个性化教学模式表现为应当在教育工作中尊重学生的特点，基于学生的特长、爱好及个性因材施教，以学生的需要为根本。智能化学习平台会根据学生的需求推送信息资源，教师会在信息平台的基础上对学生进行必要的帮助，学生也可以进行自主学习。

其次，随着人工智能技术的逐渐成熟，智能化教学系统、智能化教学助手将成为学生进行自主学习的强有力的助手。在传统教学模式中，一位教师需要同时对多名学生进行教学，但是在人工智能教育模式中，多位教师同时对一名学生进行教育。智能教学助手的作用十分明显，在智能计算的基础上对学生进行全方位的教学，引导学生进行自主高效学习，使学生的学习效率大大提升。

最后，因为人工智能的有效帮助，学生的个性化学习潜能被充分激发，学习过程更加自由和快乐。建立在人工智能技术基础上的课堂教学活动，使得学生从传统的机械记忆简单的重复性的知识模式中解放出来，课堂的主要目标成为激发学生学习兴趣、培养学生个性化学习的能力。在新一代教学模式中，教师将更加关注学生的个性和需求，借助大数据分析技术，学生的学习过程被全面记录，其学习方式、学习偏好、学习态度等将成为重点分析对象，据此建立个性化的学习方案和计划，推动学生进行个性化学习，提升学生的学习成就感和价值感，激发学生进行持续自主学习。

新一代课堂将更加自由，学生可以在其中学习，这是未来课堂教学的发展趋势。学生的个性被充分尊重和保护，学生可以在课堂上进行自由自主的学习，满足自身对于知识的需求，培养出终身学习的良好习惯，成为社会所需要的全面发展的创新型人才。

2. 课程内容定制化

首先，课程内容的开发将走向市场化。互联网平台可以基于学生的爱好和需求向学生推送有针对性的个性化课程，基于互联网技术的在线课程将成为课程发展的主流，作为新职业的网络教师将出现。这种教师的工作将不限于传授知识和技能，而是提供全面的综合服务，与此相对应的是，部分教师将因此失业。过往的课程内容模式也将出现大规模变化，不再只由学校来制作课程，学校既是课程内容的生产者，同时也是消费者，人人都可以在互联网上进行教育课程内容制作，人人也都可以在互联网上进行学习，十分方便。

其次，在未来，课程资源必会向个性化、共享模式两个方向发展。按照教育部门的明确规定，选择性必修课程、选修课程属于共享课程资源，主要采取免费的形式，基本的学习内容由政府买单。根据学习大数据个性化定制的课程是真正发展个性的课程资源，学生在完成国家规定的基本课程之外，可以根据自己的个性特点设置和制定自己的课程，因为学习内容比较个性化，所以学生需要付费购买后才能进行收看和学习。

最后，新的智能化学习平台将完全以学生为中心，学生可以在平台上获取智能化的课程内容推荐，根据自身需求选择课程内容。在传统教学模式中，线上的课程内容资源比较稀少，但是在智能化学习平台上，课程内容资源将变得十分丰富。学生从某种程度上来说成为消费者，在智能助手的引领下进行学习，根据自身爱好和需求选择课程，换句话讲，学生将能够得到个性化的教育。

3. 教师团队化、角色导师化

美国互联网专家曾说，互联网出现后，学生可以在线上自由查询信息，讲台上的教师不再是课堂里最有智慧的，所有人叠加起来的智慧才是整个课堂的魅力所在。首先，未来人工智能将会在课堂中完成所有对死记硬背的知识的教育过程及重复性的教育过程。在课堂当中，教师会逐步失去权威信息来源的地位，学生将能够运用各类线上平台得到自己需要的信息。学生可以在互联网上自由查询信息，知识的获得渠道将变得更加广阔。

其次，教师不再是未来课堂的主要角色，未来课堂需要的是导师。教师角色的转型受知识传播方式变化的影响，过去"以知识讲授"为主的教师角色逐渐转变为学生学习活动的设计者和指导者，学习伙伴关系将会是未来课堂中师生之间的主流模式。未来的教师可以借助大数据技术对学生的学习情况进行分析，重组线上课程，对学生进行个性化教学。换言之，教师主导的讲授教学不再是未来课堂的主要形式，开展学习咨询、指导和答疑解惑的团队形式将成为未来课堂的主要形式，教师角色导师化。教师传授知识的模式不再适合网络空间时代的发展趋势，未来的教师在课堂上的主要任务是以引导的角色带领学生进行自主学习。

最后，教师是改变课堂教学模式的核心因素。在一般的信息化教学模式中，教师不仅充当了教育工作的开发者，也充当了参与者。在未来的教学模式中，教师需要引导学生学习和掌握新的信息技术，所以教师也需要进行自我调整，保持一颗好奇心是教师应具备的基本素养，同时要以终身学习为自身的发展理念，要以勇敢的态度跳出舒适区，敢于接受各种挑战，实现职业转型，调整自身的工作内容。

4. 个性化学业评价

传统教育对人才的选拔是以分数作为评价学生的唯一标准，而在信息高速发展的新时代，学业评价的方式不再是以考试作为衡量学生的标准。学生的学习活动可以在各种时空下进行，可以随时进行知识学习和评测，调整自己的学习方法。未来的学业评价形式不再是以简单的分数作为衡量学生的标准，而是建立在大数据分析的基础上展开的个性化学习报告。大数据技术记录了学生学习的各种数据，包括思维逻辑类型、性格特征、动手操作能力、学习风格、学习习惯与偏好、学生的知识面等内容。大数据技术记录完学生的学习数据后，会与同类学生进行对比，然后在对比中发现学生的优势和劣势，发现其学习活动中存在的不足，提出相应的改善策略，为提升学生的学习质量和效果提供持续支持。

（三）自适应学习和混合式学习

1. 自适应学习

人工智能时代的学习方式变革的经典和标杆是基于互联网、教育大数据应用服务的自适应学习。在自适应学习活动中，学习者将明确自身的学习目标，拥有与之相应的学习环境、场景、平台。学习者在自主学习模式中既可以进行自主学习，也可以进行自我评估和自我反思，发现自主学习中存在的问题，对这些问题进行完善，不断进行自我优化，最终形成一套完善的自主学习模式。在互联网时代，每个人都是独立自主的个体，每个人都可以根据自身的特点选择适合自己的学习方式，而智能化学习平台的运用，可以帮助学习者早日找到适合自己的学习模式，平台还会根据学习者的学习动态进行数据分析，向学习者推荐合适的学习课程和内容。在互联网学习平台上，学习者既可以和老师进行交流互动，也可以和同一平台的学习伙伴进行交流互动，在自主交流的过程中，发现并解决自己在学习中遇到的问题，保持良好的学习状态。这样的学习模式就是典型的自主学习模式，学习者需要进行自主学习，学习的反思评价者也是个体本身，同时深度学习的境界会在追求高阶学习的过程中形成。

学习行为和学习方式的颠覆式变革将会在人工智能时代的课堂中产生。自适应学习通过学习大数据，可以对学习者的学习动态进行分析和总结，根据学习者之间的差异为其精准推送个性化的学习内容，保障学习者可以进行自主学习，并且能够不断提高自身的创造力、想象力；还可以按照其学习水平、风格、爱好、特点和方法等向其推送精准的学习服务，制定个性化学习方案和策略，帮助学习者进行高效学习。

2. 混合式学习

基于互联网兴起的各种新型混合学习模式，将取代传统讲授式教学模式。在未来，随着5G技术的快速发展和普及，适应不同场景的智能学习系统将会出现，据此搭建的下一代学习平台也会成型，通过线上和线下的方式，学习者可在两个世界中生活。同时，混合式学习原理和要求是每个学习者必须掌握并能够运用的，在此基础上，混合式学习模式的出现，可以满足学习者个性化的学习需求。

基于互联网的教育模式越来越发达，理想的学习方式是"线上＋线下"的混合式学习，原有的教学形态和教学原理会被互联网教学模式改变，新的教学模式会带来新的教学方法和学习方法。传统的课堂组织形式将会过时，新的课堂形式将会出现，基于互联网的新课堂形式重在向学生传递新知识，学生依靠互联网获得自己需要的信息。在课堂上，教师需要做的则是帮助学生步入探索式学习的过程，组织学生进行讨论和合作。在线教育给予学生更大的学习空间和更多样的学习方法，学生可以在平台上参与多种多样的学习模式，平台通过大数据技术还会对学生的学习动态进行记录和分析，最终形成混合式和个性化学习的模式。

在未来，人工智能技术将被大范围应用到教育领域，学校和课堂将与人工智能充分结合，新时代的教学模式将会朝着网络化、数字化、个性化发展，学生接受基于人工智能的个性化教学，创新能力会有极大的提升。在课堂上，学生将有机会完成深入的自主探索、学习，线下、线上结合的混合式学习时代即将到来，学生在自适应平台接受个性化教育，个性得到全面发展。

（四）人工智能对教育教学的影响

人工智能带来的第四次工业革命正在对教育教学产生深刻的影响，并且也逐步影响着学生的学习模式及教师的教育模式，技术变革教育的时代即将到来。面对这样的时代背景，详细分析人工智能带来的教育变革，基于对人工智能推动教育变革、人工智能教学应用和人工智能技术等有关理论内容的深刻研究，通过与有关学者开展的访谈内容整理，掌握人工智能会怎样影响教学过程，并掌握哪些教学因素将受到人工智能的影响，从而确定分析过程。

首先是人工智能时代教育变革的理论基础部分。新时代的发展呼唤着技术变革教育，推动教学不断转型和升级。本研究以教育变革理论、分布式认知理论、技术创新理论作为理论基础部分，探讨人工智能时代下的教育变革。

其次是对进入人工智能发展阶段之后，人工智能时代教育变革的影响和带来的新教育技术的研究。人工智能技术的迅速发展在影响人们生活和生产方式的同时也对教育领域的发展产生了深刻的影响。未来的教育将会是在人工智能的驱动下发展的教育，教育的整体发展形态将会有所创新和转型。分析人工智能技术中的图像识别及语音识别技术、大数据分析及深度学习技术、智能教学机器人等在教育领域的应用，以及在教学中这些技术展现出的价值，讨论人工智能发展阶段教育变革的实质、新教育技术的本质所在，目的是分析人工智能和教育结合后出现的新变化，如何调整教育目标和未来发展方向，深入研究人工智能为教育带来的新影响和新变革的实质，以更好地促进教育的发展。

再次是人工智能的基本特征与意义的研究。人工智能的迅猛发展在对教育产生深刻影响的同时也颠覆了传统的教学方式，分析人工智能的基本特征及意义，对于人工智能时代的教育变革具有一定的启示作用。

最后是人工智能时代教学活动要素变革与新理念研究部分。时代的发展驱动教育的变革，人工智能与教育相互融合越来越成为研究者关注的热点。人工智能时代的教育变革将会掀起人类学校教育史上的新一次课堂革命。在教育信息化与教学深度融合的趋势下，加上信息技术和人工智能技术的迅猛发展，传统课堂教学已经受到越来越明显的影响。利用案例分析法和访谈法，探究人工智能在教学评价、教学环境、教学内容和教学目标等层面对教育产业整体产生的影响和变化，进而针对人工智能发展阶段的教育变革提出新的看法。

教育变革的目的是依靠技术改变教育，进而达到高效学习的最终目标，使学生自身的创新能力、综合素质、人格素养有所提高。本研究基于人工智能时代的背景，探讨人工智能时代的教育变革与创新，对于人工智能技术应用于教学中进行预先的认识，将有助于转换思维方式，更好地推进教育的发展。人工智能的颠覆式创新发展已经成为教育教育变革的内源性动力，因此分析人工智能时代的教育变革与创新，有助于分析传统教学的现状及不足，从而促进未来教育质量的提升和教育的发展。

第七章 智能时代的高等教育模式、方向与路径

第一节 智能时代的学习模式颠覆与重构

随着历史的推移和时代的变迁，为了更好地适应科技的进步与社会的发展，高等教育发展的内部规律和逻辑延伸催生了学习模式改革的内生要求。同时，创新要素的不断涌现、环境网络的不断变革，也对教育和人才培养提出适应挑战的外部诉求。

一、主体关系的冲击与重新定义

（一）人机协同

比如说，"制造＋人工智能"的本质是人机协同，强调的是机器如何自主配合人的工作，自主适应环境变化。在这里需要清醒地认识到，随着制造企业信息化的发展，人工智能将"嵌入"制造中，可促进制造企业在效率提升、质量控制、能耗管理、环境监控、安全生产、成本降低等方面得到极大的改善，但这并不意味着人工智能可以解决制造业自身所有的问题。

而与人工智能同时出现的，还有人才市场的"裁员潮"和"招工难"现象，看似矛盾冲突的背后，预示的恰是对"人"的升级要求。

过去："我"不需要知道自己是谁，"我"只要按照命令去做事。

现在："我"是谁并不重要，重要的是"我"能发挥多大作用。

未来："我"究竟是谁？"我"能为世界创造什么？

科技型、知识型人才是科技发展的驱动力，而近几年我国人工智能人才需求量的增长幅度已超过世界平均水平。

（二）系统思考

智能时代催生社会与经济的各项变革，推动发展的要素日益复杂，单靠经验主义和线性思考已无法应对变革带来的挑战，需要在思考的深度、空间范围和时间范围上进行系统思考。

随着智能时代的到来，社会治理和组织管理都将进入新阶段，即全局整体性治理阶段。人类目前的工作最需要的是"解决复杂问题"的能力。因此，面对更为广阔的生态、社会和经济系统，需要加强系统思考训练，以解决更为复杂的系统管理问题。

（三）创造性解决问题

未来最不可能被人工智能替代的是那些对效率要求不太高，需要经验并能够创造性解决问题的工作。能创造性解决问题的人才一直以来都是组织所注重的，但在过去，对这一能力的强调可能在科技研发和部分管理层级更为突出。随着智能时代的到来，知识技术更新更为快速，社会变革节奏更为急促，认知边界突破更为频繁，这意味着组织的各个层级均面临在不确定性中把握风险、赢得发展的必要性。因而创造性解决问题的能力成为智能时代组织成长的必需和必要，越来越成为社会与经济发展中人才招聘所强调的重点。

（四）批判性思维

完善思考的办法就是进行批判性思考，如同健身，像思维的教练一样对自己的思想开展批判和训练，系统地训练推理逻辑与论据分析评判。没有正确的推理，就缺乏一个可行的方式来识别真相、获得完整的信条。

哈佛商学院弗朗西斯卡·吉诺（Francesca Gino）教授等通过调查发现，当今世界变化得太快，以至于无法预知客户的需求，再加上竞争对手步步紧逼，竞争激烈，因此招聘、培训能与客户共同创造价值且不断提高业务能力的员工就成为企业实现可持续发展的关键要素之一。这就需要管理者和员工进行独立思考，培养批判性思维能力。此外，管理者需要对工作进行重新设计，让员工能够获得个体身份认同，让他们有权力决定如何执行工作任务。

二、素质结构的打乱与升级排序

人工智能将改变就业结构和从业者的知识结构，不断掌握新技术、拥有新能力是职场人士的基本素养。相应地，人才培养模式也应进行转变，由传统的知识学习转向个人的素质培养。

当我们谈到素质的培养，这个议题看似又回到了中国教育改革一直以来纠结的一个困局——知识和素质。对知识传授的重视是中国教育的长处，钱颖一教授比较了中国、印度等国的教育，指出凭借很强的知识学习能力，中国实现了"以大取胜"。但由大到强，需要的是创新和创造，而对于创造性的源泉，钱颖一教授指出三个基本元素：好奇心、想象力和批判性思维。这些素质都不是"知识"本身，而是超越"知识"本身的。

2017 年，美国东北大学校长约瑟夫·奥恩（Joseph Aoun）在《防范机器人：人工智能时代的高等教育》一书中，提出教育系统的重要能力和素养，强调人类独特能力和优势的作用。

（一）三项关键新素养

智能时代的学生可能需要在原有素养的基础上，增加三个方面的素养——数据素养、技术素养和人性素养。学生需要数据素养来管理大数据的流动，需要技术素养来了解机器的运作方式，更需要人性素养来发挥人的作用。

1. 数据素养

大数据是智能时代发展的基础。数据素养是对媒介素养、信息素养等概念的一种延续和扩展，包括对数据的敏感性，数据的收集、分析和处理能力，利用数据进行决策的能力，以及对数据的批判性思维。良好的数据素养有利于企业更好地理解数据、解读数据、做出决策，其未来应成为每个人的基本素养，而不是只和专业的数据科研人员相关。

数据素养的兴起源于当前海量数据的使用及其影响，其三个核心要点分别是："理解关于你的行为和互动的数据是何时何地被收集的；理解在大量数据分析中所使用的算法操作；权衡数据驱动决策对个人和社会真实的与潜在的伦理影响。"因此，高校需要注重数据意识、数据技能和数据伦理的培养与教育。通过学习让高校学生了解大数据对智能时代的基础价值作用及对各领域的深远影响，了解大数据技术的发展和意义，具备在专业领域和生活领域主动使用数据的意识；通过学习让高校学生能够结合自身专业和学历水平，不同程度地具备基于数据提出问题的能力、数据收集和整理的技能、数据挖掘和分析工具使用的技能、数据表征和可视化的技能、数据存储与安全保护的技能、数据共享和应用的技能；通过学习让高校学生在数据管理和应用中，具备能够正确处理所涉及的规范规则、价值判断、法律法规、道德准则等方面问题的素质；等等。

2. 技术素养

技术素养是指有效利用技术来获取、评价、整合、创造和交流信息，以提高通过解决问题和批判性思维进行学习的能力。技术素养的目标是为人们提供他们需要的工具，使他们能够明智地、深思熟虑地参与到周围的世界中。

一名具备技术素养的人以与时俱进、日益深入的方式理解技术是什么，它是如何被创造的，它是如何塑造社会又转而被社会塑造的。他或她将能够在电视上听到或在报纸上看到一则有关技术的故事后，明智地评价故事中的信息，把这一信息置于相关背景中，并根据这些信息形成一种见解。一名具备技术素养的人将自如、客观地面对技术，既不惧怕它也不沉迷于它。

3. 人性素养

人性素养关注有关作为人类的知识，是指全面理解自身并利用这些知识来改变社会的能力。在智能时代，高等教育所强调的人性素养主要是指沟通和评估智能技术所带来的社会影响、伦理影响和存在主义影响的能力。

技术和媒体的变化为我们与他人、与世界的关系增加了新的复杂性。持续和丰富的人性素养学习，可以帮助学生最大限度地理解自身，提高他们与世界连接的能力，有助于他们做出积极改变和抉择，过上更加健康的生活和享受更加精彩的人生。

人性素养不仅是社会学习和情感学习，更强调以价值观为基础的教育的重要性，提高安全性（包括网络安全），培养成长心态，支持学生成为创新的思考者和行动者。人性素养包括五个关键要素，即社交、物理、智力、文化和情感。

社交方面关注学生与他人和世界的关系。学生需要知道，无论是作为一个团队领导者还是团队的一员，应该如何发展良好的人际关系，以及如何在线上、线下成为一个积极主动的公民。物理方面关注学生身处的环境和身心健康，学生需要能够做出有利于其身体和神经发育的健康选择。例如，需要其更具环保意识，能够成为环境变化的创造者。智力方面关注学生的学术能力。学生需要在解决问题的时候具有创新精神和反思式思维，方能应对新的挑战，设定基于价值观的目标，并取得成功。文化方面关注学生的价值观、信念、心智、态度等。学生需要理解其重要性，培养一种与其态度、身份和积极的人生观相一致的成长心态。情感方面关注学生的情感状态。学生需要能够理解自身的情感，能够从困难与挫折中恢复过来，培养有利于他们蓬勃发展的情商。

学生要想在职场上和未来的人生道路上更具竞争力，需要加强好奇心、想象力、表达力和同理心的培养。

一是好奇心。人工智能是根据已有的知识和相应的规则运行的，而提出疑问、假设、假想，发挥想象力，从而创造、创新，都是由好奇心引发的。通过质疑并提出问题，好奇心能够点燃一个人生命中的热情与梦想，成为人性素养的重要组成部分。

好奇心能够提供全新的视角。《别逗了，费曼先生》是1965年诺贝尔物理学奖获得者、美国物理学家理查德·菲利普斯·费曼（Richard Phillips Feynman）回忆性地描述自己有趣人生故事的书。书中各种有趣的故事折射出一个伟大的物理学家成功的秘诀之一：对生活保持永远的好奇心。尽管有的时候这种好奇心并不被普通人理解，但就是这种不带任何功利的、不受限的自由肆意往往能够给人带来全新的视角，而这种异于常人的全新视角，又能够帮助他洞悉一些其他人看不到或者忽略了的东西。

好奇心能够引发创新和创意。《美第奇效应：创新灵感与交叉思维》一书中提到"好奇心能带来交叉式体验"，即来自不同领域的概念互相碰撞，产生全新的理念。好奇心能为人们带来交叉式体验，以及更多的创意和想法。《好奇心：保持对未知世界永不停息的热情》一书的作者伊恩·莱斯利（Ian Leslie）认为，真正的好奇心就是会持续地探究，并由此引发洞察力和创新精神。

二是想象力。"我们不需要魔法来改变世界，"J. K. 罗琳（J. K. Rowling）说，"我们自身已经拥有了需要的所有力量：我们有能力更好地想象。"科学技术的持续发展不断拓宽人类认知的边界，然而，推动人类触及边界之外的探索凭借的不是已有的知识和经验，而是想象的"魔力"。正如卢梭说的："现实的世界是有限度的，想象的世界是无涯际的。"

想象力使得我们能够从其他角度看待事物，并同情他人。想象力扩展了我们的经验和思想，使个人能够构建一种降低我们不确定感的世界观。通过这种方式，想象力填补了我们知识中的空白，使我们能够创建心理地图，从我们所面临的缺乏信息的模糊情况中提取意义，这是我们记忆管理的一项重要功能。想象力使我们能够从环境中的认知线索或刺激中创造新的意义，这有时可以带来新的见解。

马来西亚玻璃市大学的一位知名博士在阐述想象力的重要性的同时，总结了八种想象力：将信息整合以协同新的概念和想法的"效果想象力"；从不同的信息中考虑和发展假设来思考问题的"智力（或建设性）想象力"；用以创造和开发故事、图片、诗歌、舞台剧和神秘建筑等的"幻想想象力"；可以帮助个人在情感上了解并体验他人的"移情想象力"；关注愿景并通过将机会转化为心理场景来识别和评估机会的"战略想象力"；涉及表现出情感倾向并将其延伸到情感场景中的"情感想象力"；作为一种无意识的想象形式，在特定睡眠阶段出现的"梦"；检索我们对人、物体和事件的记忆过程的"记忆重建"。

三是表达。表达力强调的是沟通能力，是指能够在不同时间、不同地点与不同背景的人，用不同的语言就某一话题进行沟通。随着智能技术的发展与应用，人类写作水平和阅读能力都呈现衰退的趋势，沟通方面将会出现障碍，需要加以重视。

写作能力是表达力的重要体现，高等教育强调的写作能力是基于逻辑思考进行证据收集并通过准确的语言加以表达，最终提炼观点形成结论，其实质是思想与论据相结合。美国在这方面的实践值得我们参考。源于美国的STEM 计划越来越强调写作的重要性，其是美国政府推出的一项鼓励学生主修科学、技术、工程和数学的计划，后又加入"A（art，艺术）"和 R（reading/writing，写作能力）。写作能力所体现的表达能力成为诺贝尔奖获得者区别于其他科学家的重要特征，美国大学非常重视对写作能力的培养，并一直将其列为必修课程。各高校根据自身的特点，探索出了一定的特色，如哈佛大学的写作课将学术、道德、社会问题相融合，耶鲁大学强调一手研究、文本细读和批判性思维三个要素，麻省理工学院强调写作、阅读和研究的有效结合。国内高校也逐渐意识到写作能力的重要性，并采取有效措施进行改进。

阅读输入是写作能力的前提与保障。教育家朱永新教授认为："一个人的精神发育史就是他的阅读史。"阅读是体现一个人文化程度的重要标准。大量语言输入，是大量的、高品质的语言输出的重要保障。

四是同理心。同理心是一种将自己置于他人的位置并能够理解或感受他人在其框架内所经历的事和所接触的物的能力，是情商的关键能力之一，能加深人与人之间的包容、理解，促进人际关系的和谐。

人类的同理心、自控力、道德感、智慧是超越人工智能的重要方面，是将人类与机器区分开来的重要标志。在人工智能越来越强大的背景下，更需要的是有理想、有同理心、有美感、有创造精神的人。

（二）五种认知能力

除了具备以上三种素养外，为有效应对智能化所带来的自动化，还需培育学生的五种认知能力，包括批判性思维、系统性思维、创造性思维、创业能力和文化敏锐力。这是因为，智能时代人们仍需要特定的知识体系，但当智能机器承担大量繁重的信息收集与处理等工作时，人们所能展现的知识体系自然是不够的，为了成功，未来的员工必须通过自身及人机协同展现出更高层次的认知能力。

1. 批判性思维

根据美国哲学协会的界定，批判性思维是用于指导自己的言行所进行的独立分析、综合和评价信息的过程，是有目的的自我调整判断过程，是充分考虑证据、概念、方法和标准的过程，是思考又思考的过程。批判性思维需要具备解释、判断、推理、归纳、评价和自我调控等技能。

北京大学陈春花教授认为，思辨的能力才是获得独到见解、交流并获得共识，从而掌握科学方法的实质，为后续学习和研究奠定基础的关键。"不具备思辨能力，甚至无法让自己成为一个真正独立、有价值判断的人"。训练批判性思维，可以培养独立发现问题并把科学方法应用于生活现象的假设求证，从而更好地理解生活的本质，这既是一种素养，也是一种良好的习惯。

2. 系统性思维

系统性思维是把事物当作一个整体加以思考的思维方式，也称系统思考。系统性思维关注的是系统的组成部分相互关联的方式，以及系统在更大的系统里的演变情况。最有创造力的问题解决者和思考者能够从多学科的角度出发，将不同领域联系起来。智能时代的系统性思维涉及跨学科、跨领域和跨界的观察，机器也许能够对每个部分都非常理解，但它们无法以整体的综合方式进行分析。与传统的先分析、后综合的思维方式不同，系统性思维强调从整体出发，先综合、后分析，最后复归到更高阶段上的新的综合。

进行系统性思考的人将系统视为其行为的原因，从整体而不是从部分寻求理解事物的联系和反馈，理解行为和事物的动态性，进而理解系统结构是如何产生系统行为的。

3. 创造性思维

创造性思维是一种避开传统的解决方案，跳出条条框框进行思考，从不同角度看待和解决问题的方法。这个创造性的过程允许人们探索事物之间的新联系，迎接新挑战，寻求不同寻常的、新颖的和新鲜的解决方案。

钱颖一教授提出了关于创造性思维的三因素假说：创造性思维由知识、好奇心和想象力、价值取向三个因素决定。知识既包括学科和领域的专业知识，更包括跨学科知识、跨领域知识、跨界知识。创造力多产生于学科交叉和融合，如史蒂夫·乔布斯（Steve Jobs）实现了科学与艺术的跨界，而埃隆·马斯克（Elon Musk）则实现了科学与商业的跨界。好奇心和想象力使得人类不断对未知世界进行探索。爱因斯坦将自己的天赋归结为极度的好奇心，并认为想象力比知识更重要。超出知识以外的因素在我们当前以知识为中心的教育中没有得到足够的重视。价值取向与追求创新的动机和动力有关。追求短期功利主义、长期功利主义还是内在价值的功利主义，反映了不同的价值取向。

综上，智能时代对人才的创造性思维要求，除知识结构和好奇心及想象力之外，还需一种价值取向上的非功利性驱动。急于求成的心态、成王败寇的价值观，最终导致的不是真正意义上的创新，更难以实现颠覆性创新和革命性创新。

4. 创业能力

未来每个人都将成为创业者。然而，学生的主动性通常是在课业之外表现出来的。对大多数学生来说，培养主动性和创新精神是课外活动的内容。创新精神教育的核心就是教会年轻人用韧性来解决复杂问题，在不断推动个体自我发展的同时，使青年群体能够成为解决人类面临的重大挑战、推动人类社会发展新代际的新势力。

在高等教育的演变过程中，有社会外部需求和教育自身规律的双重驱动，加之科学技术的互动催化，社会发展速度和变革速度的加快，教育在从以世俗性特征为主向前瞻性和创造性转变的过程中，以前沿、前瞻的视角来开创未知的领域，创造并储备可能的知识的必要性显得尤为突出。以此为出发点，对于面向智能时代的大学生教育，需要强调的是如何发现或创造一个新的领域，致力于理解创造新事物的能力培养。这种能力在新时代的感召下显得更加必要和必备，以至于越来越多的高校强调创业精神和创业能力，并将其内化为大学精神和文化的内涵和基因。

面向智能时代的高校学生应该具备的能力包括专业技能、创业素质和个人素养。其中，创业素质包括创业热情、价值观、思维能力、判断能力、发现能力、选择能力、创造能力、创新能力、观察能力、实践能力等，以及坚定的信念、优良的品德、坚韧的精神、必胜的信心、巨大的魄力、充沛的精力等个人素养。

5. 文化敏锐力

如何通过当下的教育赋予人洞悉未来的敏锐"嗅觉",需要从比趋势更为稳定和深入的层次中把握规律,这种层次就是文化。趋势的启动和文化的变革比我们想象的来得还要迅速和随机,文化总是在变化的,尤其是流行文化,事实上变化就是文化的一切。而我们需要做的就是具有敏锐的洞察力,在文化变革的前一夜,引爆变革的导火索,掀起变革的浪潮。文化敏锐力来源于对文化的历史维度的纵向规律的洞悉,来源于对物质文化和精神文化等不同类别文化层级的横向对照类比,来源于不同领域、不同种属文化的关系构建和跨界嫁接,来源于对文化冲突和文化载体的抽象理解和形象投射。总体来说,就是具备一种跳出已有的文化视角,站在圈外或者不同的文化层级来看待变化的能力,寻找那些可能目前看来荒谬、不协调、貌似不合理的东西。

文化敏锐力具体体现为四种意识和两种能力,即文化自觉意识、文化自信意识、文化自强意识、文化自省意识,以及文化透视能力和文化表达能力。其中,文化自觉意识和文化自信意识凸显的是文化的传承意识;文化自强意识和文化自省意识强调的是文化的创新意识;文化透视能力是指透过不同的现象形式抽离出内在文化规律的能力,突破形式的边界,寻求跨媒介、跨领域的文化共振;文化表达能力则是将文化传承和创新经由具体的媒介和途径外化传播的能力。

三、学习模式的变革与创新

未来五到十年,就业形势将迅速发生变化,一些职业有可能会逐步改变。面向未来,如何更好地发挥人的价值?如何培养出持续被需要的技能?只有从教育改革入手,才能赢得未来。

（一）由教师主导的被动学习向学生主导的自主学习模式转变

关于未来教育的发展趋势，世界教育创新峰会曾对全世界教育家做过一个调查，多数专家认为，未来课程会进一步整合，学习内容由学生自建，现有的学校体系的教育内容只需保留 17 % 左右，以学习方法为主的学习将成为未来学校的主要特征。

教育内容的变革背后折射的是教育主导权的转移。在传统教育中，教师作为教育环节的主导，掌握着知识信息资源，通过以课堂为核心的教育方式进行传输；学生作为教育内容的接受环节，嵌入传统教育模式过程，完成知识信息从教师端到学生端的传递。较之这种单向的知识"传承"模式，在智能时代教育理念的变革下，学生主导的自主学习模式将有可能成为主流。

自主学习模式已经在 K12 基础教育层面进行了实践。例如，美国的某知名学校从对毕业生的期待着手，以学生为中心进行教学，反向推演出一套旨在培养特定技能、知识和组织的 K12 教学计划。该计划使学生在校的每一天体验三种不同的学习模式。首先是基于创新、个性化理念的核心学科学习，为学生提供基本的知识和技能。其次是跨学科课程学习，通过项目式学习和综合学科应用以巩固知识和技能。最后是体验式学习，利用其课堂所学对所在城市的各个领域进行研究和实践。通过三种方式的结合，学生能够在实践中学习，发挥所长，追求兴趣与爱好，从而充分掌握知识和技能。

在高等教育层面，泛在大学对传统高等教育模式提出了挑战。新的数字化学习环境催生了"泛在知识环境"，在这一环境下，稀少而昂贵的教育资源得以整合并向所有人开放。由于信息获得的便利性、交互性、泛在性，"任何人在任何时间、任何地点获取任何资源"的教育，将打破传统大学以教师主导为中心的学习模式，转为以学生为中心，满足学生的个性化需求，根据学生的不同禀赋、不同条件来调整学习的方式、内容，并提供一种终身累积，由学生自主管理的学习模式。

而学生自主学习效果的检验，基于智能技术的发展和技术手段的创新，也将由依赖于教师评估转为智能评估。借助 VR 和视觉分析等教学实践手段，学生可以随时随地就自己当前的学习状况独立地进行测试、评估、反馈，并能够将这种随时性、针对性的反馈，再依托智能技术，重新修正自己的学习计划，控制自主学习的进度。这样所形成的"计划制订—实施执行—效果测评—分析反馈—计划修正—（继续）实施执行"的自主学习闭环，保障并真正体现了智能时代"以生为本"泛在学习模式的有效和高效。

（二）由知识导向向能力导向的人机协同学习模式转变

在传统教育模式下，受制于学习方式的局限，学生的知识传递和能力习得往往被分割成相对独立的环节，"知行合一"理念的倡导和实践的探索难以突破高等教育长久以来的"应试模式""填鸭模式""学科差异"等壁垒。学生的学习在一定程度上仍主要集中在"知识点学习—记忆考核—实践检验"的通道内完成，在这一通道中，学科边界难以打破，知识能力难以互融。

但随着智能教学和智能评估的出现，学生自主学习模式的效率得到极大提升，在效率提升的同时，是以学生为主体的自主选择、自主参与、自我考核、自我评估、自我反馈、自我激励的自主学习能力的提升。而这种学生个体与智能技术交互实现的自主学习能力的提升，借助大数据和互联互通技术，更直接促成学生个体从知识信息需求方和接受方同时成为知识信息的提供方和内容创造者。

以斯坦福大学2025计划所提出的"轴翻转"为例。轴翻转的含义是要将"先知识后能力"反转为"先能力后知识"，能力成为斯坦福大学学生本科学习的基础。为此，斯坦福大学在教学中心建设、学生能力考核等方面已经开始做相应的调整。

（三）由"终结式"学习向"终身式"学习模式转变

正如上文所描述的，智能时代催生的泛在化自主学习模式，可以完全做到围绕学生个体的需求，将"自主学习闭环"结合以学生为主体的"自主学习能力"，用"能力"推动"闭环"上升到更高的"效率"层面，共同形成自主学习"正向上升螺旋"的价值模式。

而"正向上升螺旋"这种学习价值模式的个性化、便捷性、正向性、持续性，使得个体终身学习的意愿由外生性推动转为内生性诉求。这使得在未来教育中，"终身式"学习将替代"终结式"学习成为趋势，学习由外生性动力促成转为由内生性动力激励。例如，作为斯坦福大学2025计划中最关键的计划之一——"开环大学"不仅解除了入学年龄的限制，还延长了学习时间，打造混合学生校园。

　　智能时代科技手段的不断成熟，以及在教育领域的持续应用，成为实现终身学习模式和终身教育模式的重要支撑。比如，基于互联网的学分银行评价模式，通过模拟和借鉴银行的机制、功能和特点，将微观个体的学习成果、中观学习中心和管理机构的资源提供和连接管理、宏观平台的资源汇集和数据储备，以"学分"作为计量单位，依靠专业的管理机构、认证机构与组织体系，共建一套标准规范的学习成果存储、认证、积累、转换综合体系，构建由"个人账户""储蓄所"—"地方银行"—"中央银行"交织形成的"终身学习立交桥"，使各类学习资源在"立交桥"上快速高效地汇集分散、融通配置，进而助力实现未来教育以更为透明、公平、高效的方式运行。

（四）由"标准"学习向"定制"学习模式转变

　　受传统工业流程影响的传统教育培养模式，其主要特点是标准化、制式化，体现为在教材编撰、课程设计、班级管理、专业培养等环节中的统一标准。而这种标准化"补短"教育培养模式催生的是"标准"学习模式，即在学生接受教育的过程中，参照上述标准发现不足、查补差距，以实现"达标"。而智能时代需要的不再是统一制式的标准化学习效果，目标更非造就符合统一规格的人才，而是如何激发每个学生的个人潜能，促使其发挥优势。

　　未来，对照"自主学习"和"终身学习"的变革趋势，在保留必要的基础课程和制定基本的教育标准的基础上，将更多探索个性化、定制化的教育实施路径和手段。借助智能技术的广泛和深入应用，学生个性化的"学习素养检测—学习效果诊断—学习处方制定"，这一"定制学习模式"得以实现，为"自主学习闭环"的有效实现打下基础。

（五）由"成才"学习向"成人"学习模式转变

至此，智能时代下学习模式的变革，在打破时间与空间的限制、促成现实由被动到主导的转化、实现延伸知识到能力的习得、消除起始到终结的固化后，最终聚焦的是价值实现的变革。

在历经时代变迁后，高等教育的内生性演变和外生性影响在智能时代达到一个本源的统一，这个统一就是对生命的探寻。本源的回归使得高等教育终于从传统意义的"成才"升华为体现生命回归、凸显生命价值、达成生命智慧、实现生命观照、践行生命教育的"成人"。

第二节　智能时代的教学模式迭代与支撑

一、教育与环境的联结支撑

智能时代在加速颠覆教育模式的同时，也将为教育过程的实施提供全新的联结理念与技术支撑。自适应学习和社会化、智能化的教育管理方式，将促进学校、教师、学生、社会等主体的联结和线上、线下的虚实融合，继而实现打破时空壁垒的泛在化模式。

（一）真实世界的联结

教育不是一座孤岛，而是联结，与社区联结，与真实社会联结，引导学生一起思考现实的问题。要实现与真实世界的联结，可通过项目主题联结、互动联结及与未来联结，将项目的主题与学生的兴趣、经历及现实世界的重大议题联系起来，改善真实世界的状况，增加学生与身边的人或物的互动。其本质是增加学生的现实体验感，对于高校学生来说，与真实世界的联结主要体现在三个方面。

1. 与网络联结

一些大学正在积极地依托各种网络将内部与外部联结起来，并利用庞大的数据建立快速而有意义的联系。比如：依托网络将未来的学生与刚刚毕业的校友联系起来，就大学的真实情况向他们提供建议；开发应用程序，或依托社交媒体平台，使校园内外的主体跨越时空联结，甚至共同创建虚拟的校园。

2. 与产业联结

就业前景及高等教育能在多大程度上帮助他们实现职业目标，是学生关注的重要话题。帮助学生建立与未来雇主之间的联系，以工学结合的形式，鼓励学生为真正的组织解决真正的问题，或与目标产业的人员建立有意义的联系。

3. 与社区联结

大学要为学生创造机会，通过学习、领导、志愿服务和工学结合式学习让他们认识并践行自己的价值观。这些联结有助于巩固学生的归属感和使命感。要做到这些，高校需要了解学生在入学时的期望，并对其大学的表现进行跟踪。培养方案与课程设置的改革可以让学生参与到能够对真实世界产生影响的项目中，如强调学生、院系和业界伙伴共同设计课程，让学生在学习中追求自己的价值。

（二）技术创新的支撑

张治在《走进学校 3.0 时代》一书中提出了后文凭社会，认为学校将进入更加开放化、多样化、智能化和人性化的 3.0 时代。智能化将成为教育装备现代化的核心特征，将实现教育理念、技术、资源等深度嵌入，从而改变学习方式。

1. 数据驱动的教学进化和评价转型

未来的学生可以选择在不同学校学习不同课程，智能技术能够跟踪记录学生学习的全过程，感知和获取学生数据，经过分析与处理，生成学生数字画像，极大地提高教学评价的准确性、科学性、可读性和实用性。

学习评估的重心由关注考试分数转为关注学习地点、学习内容，以及在学习中的创造、分享、体验与收获等。教育也将进入一个新时代，对个人学习能力和学习态度的信任，而不是分数，将成为升学考查的主要内容。

2. 人工智能成为得力的教学助手

未来每位教师都可能有一个人工智能助手。人机协同课堂的出现将替代大量"讲授型"教师,教师的工作内容将会发生根本性转变。人工智能助手通过精准计算学生的知识基础、学科倾向、思维特征、情感偏好、能力潜质等,可以帮助教师为学生定制教育服务,开展面向不同学生的因材施教的教学活动。

3. 部分教学任务的剥离与外包

如今,教学早已不再是校园内的专属,学习资源与服务供给更加多元,技术正在渗入教育,为其提供现代、高效的教育服务,学校的每一项业务背后都可能有社会力量的参与和支撑。各种教育技术装备将帮助学校与教师更好地教学,基于人工智能衍生的智能课堂系统、教学云平台、双师直播课堂等产品,对现有的教学手段进行了创新。

学习服务的购买与评估、供应商的遴选与管理将会成为未来学校管理者的管理重点,课程外包也将呈现常态化趋势。

4. 个性化的学程规划与关系重建

技术的变革引发学习方式、学习体验、学习路径等一系列变革,重新规划着每个人的学习进程。未来的学习场景将会发生各种变化,知识图谱嵌入学习系统,让普遍的因材施教成为可能,让学生进行个性化在线学习,促进学生的自主学习与合作学习。

未来学校将成为以学生为中心的自组织学习共同体,学生之间不再是竞争关系,而是相互协作的学习伙伴关系。

二、教学模式的图景迭代

(一)跨学科的主题研究与教学

过于强调学科性质,过于偏重学科视角进行分析是当前科学研究和教育中存在的普遍现象。面对复杂的问题,单一学科虽可以在某个点上深刻地将其揭示出来,但由于忽略或缺乏整体上的把握和多视角的分析,往往缺乏对问题和现象的客观分析和洞察。

通过将两种及以上学科进行整合，围绕某一特定主题，充分利用图书、网络、家庭和社区资源，发挥学生的主动性和参与性，通过实验、调查、观察等方法开展探究式教学与研究，进而实现教学与学习目标。要有效开展跨学科教育与研究，必须建立相应的实现机制。

1. 确立以主题为主的研究方法论

为有效解决当前研究和学习中存在的"只见树木，不见森林"现象，聚焦研究主题，采用多学科的方法视角去发现问题、解决问题。

2. 建立以主题为主的组织机制

建立跨学科研究基地。突破院系的架构，组建跨学科研究的学术机构，建立真正以发现和解决问题为主的研究和教学基地，构造多学科、跨学科研究的平台，承载重大现实问题和理论问题的研究。

调整现有高校二级学院体制。通过学部制实体化，将若干相互关联的学科整合在一个规模较大的学术单元里，以利于顺利开展跨学科研究和教学。同时，学部与学部之间建立密切的沟通机制。

3. 构建激励机制

对于跨学科的主题研究，应当建立相应的激励机制，在项目的立项、成果的奖励等方面对跨学科研究予以足够的重视。

（二）项目式学习的融合与延伸

项目式学习是通过使学生参与围绕现实世界中可能面临的挑战和问题而成立的项目，以开发知识和技能的一种教学方法。项目是基于挑战性的问题而设置的复杂的任务，需要学生开展设计、解决问题、决策或调查等活动。项目式学习让学生有机会在较长时间内相对自主地工作，最终以成果展示或现实产品为呈现形式。由此可见，项目式学习不仅仅是项目，核心是学生对真实的、复杂的问题或挑战进行调查和回应，实现"干中学"。

美国的托马斯（Thomas）等人提出并阐述了项目内容的五个标准：中心性、驱动性问题、建设性调查、自主性和真实性。中心性是指项目是项目式学习的核心。驱动性问题是指项目关注的问题应该能够驱动学生去面对和应对学科的核心概念和原则。建设性调查是指从事项目的学生要进行建设调查，项目的核心活动必须包括学生知识的转换和构建，如对知识的新理解、接触和掌握新技能等。自主性是指项目在很大程度上是由学生驱动的，与传统的教学和传统项目相比，项目式学习使学生拥有更多的自主权和更多的选择，无人监督的工作时间更长，责任更大。真实性是指项目能使学生在项目的主题、项目的任务、学生扮演的角色、项目实施的背景、项目中学生的合作者、项目的成果、项目的受众、产品或成果演示的评判标准等方面感觉到真实性。

三、价值实践的聚焦方向

在智能时代，教育手段将更加多元化，教育方式会有更大的开放性和选择性。随着"知乎"这样的民间知识传播机构纷纷涌现，"能者为师"的价值导向正在推动教育模式的改革。智能技术催生的新教育模式在价值实现上对教育提出的新要求，将促使教师思考如何真正成为学生"灵魂的工程师"，成为学生学习的陪伴者、动力的激发者、情感的呵护者。

（一）更聚焦于具有生命特征的价值分工，体现生命回归

随着智能技术的不断发展，体力劳动和技能型工作将逐步被替代，社会对更高素质劳动者的需求可能会大幅提高。情境学习、泛在学习等将会是未来教育的主要学习形态，高校将呈现更加开放的办学态势。

高等教育的价值越来越凸显生命回归。有研究表明，不太可能被机器人取代的工作，其特征包括社交能力、协商能力、人情练达的艺术、同情心、扶助和关切、创意和审美等。教师承担诸如能力培养、价值引领、情感感化、信念确立、德行养成等教育角色的现象将会日益凸显。在智能时代，教师掌握更为人性的培养方式，其所承担的角色分工，将更加侧重能够凸显认知、情感、志趣和创造等的高阶能力定位。

（二）更聚焦于体现高端品质的价值特征，凸显生命价值

未来，教育将更加强调观照个体生命，注重提升个体智能，需要教师对其角色进行升级。

教师工作任务的变化。智能技术可以帮助教师提高效率，丰富教学形式和内容，减少重复性工作。一项对人工智能工作的有关研究表明，人工智能工作替代基本上发生在任务层面，而不是职务层面，并且将从较低级的智能工作开始取代人类的工作，分析能力也将变得不那么重要，会被人工智能逐渐替代。

教育角色呈现典型生命特质的多元化。随着角色分工趋向精细化，教师将成为践行生命教育的感悟者，教学研究进一步成为教师的核心职业素养。以"生命"和"机器"为研究对象，研究成果不断转化为教学资源，实践生命教育。

专业实践领域的教育跨界供给来源多样化。在智能时代的跨界融合及开放办学理念下，教师成为在特定领域拥有专长的专业人群，发挥复杂性和综合性等高阶能力。未来，随着拥有一技之长的兼职教师的加入，将加强教育的个性化和情境化，教师职业和教学团队也将发生重大变化。

"互联网思维"和"后喻文化"会深刻影响学习者对高品质教育的需求。在智能时代，学习者将从"数字原住民"进化为特征更加明显的"数字公民"，教育将会进入全虚拟时空，民主、平等、共享、去中心化等"互联网思维"和"后喻文化"会渗入人们的骨髓，这决定了他们对优质教育的需求。教师也将变成体现生命价值的高端职业。他们除了需具备基本职业技能外，还需要具备体现生命特点的"个体智能"，如高阶思维的培养、情感的丰富性及认知的结构化等。

（三）更聚焦于追求人机协同的智能教育，达成生命智慧

通过人类智能和机器智能的协同，运用多种方式开发和丰富人机协作的"智能接口"，实现教育环境方面的协同。国务院发布的《新一代人工智能发展规划》提出了发展智能教育的基本措施，包括开发基于大数据的在线教

育平台，开发智能助教，建立智能、快速、全面的教育分析系统，建立以学习者为中心的智能教育环境，等等。同时，随着人工智能研究的进步与应用的深入，网络空间的人机交互将朝着人性化和个性化的方向迈进，将极大改善学习者的学习环境。

未来，智能教学手段将可能成为主要方式，教师规模将会适当精简。"人机双师"的协同将成为未来教师工作的新形态。通过学习路径优化、自适应考试、自动任务建模等，人工智能将有助于实现测评过程的全自动化。借助各种智能技术，教师可以为学生制定个性化学习方案，从而可以有效解决"乔布斯之问"。

通过智能技术对学习者进行精准"画像"，分析学习者的知识基础、认知特点、多元智能倾向、学习风格和学习态度等特征，并对其意图、兴趣或爱好进行预测，推出个性化学习方案，为教师设计主导方案和个性化项目提供参考和选择，能够实现教育生成内容方面的协同。通过人机协同智能层级结构体实现智能教育，实现教学内容方面的协同。培养人机协作解决问题的方法，加强计算思维的培养，使学生在掌握机器学习的基本原理和方法的基础上，熟悉机器学习等算法的应用情境（或专业领域）。培养以创新为特征的多元智能，注重左右脑学习适当互补，实现和谐发展。

此外，人机协同教育通过人机结合、跨学科整合、左右脑多元智能结合，实现个性化智能培养，促进人类智慧和创新的不断发展，推动人机共生的智能社会建设，实现教育目的协同。

（四）更聚焦于探寻人的生命的整体意义，实现生命观照

智能时代，需要挖掘教育生命的意义，不要让技术遮蔽生命的兴趣、价值和意义。生命的整体性主要包括以下几个层面的含义。

人类的左右脑有着不同的分工，承担着不同的任务。左脑的学习形态以"语言"与"数理逻辑"为主，是更适合人工智能运用、记录的领域。人工智能通过对人类左脑学习方式的无缝记录，分析和判断学习者的认知特点、兴趣、特长等信息。同时，对于右脑型学习，通过生物特征识别技术，呈现

学习对象的整体样貌，辅助学生实现直觉、灵感、顿悟、联想等，助力创新思维的培养。

通过情感识别与表达，辅助教师的情感交流与情感价值观教育。人工智能可对情感的"可感形式"进行有效识别，如通过对人面部、行为、声音、眼球等的识别，寻求对教学有价值的信息，并反馈到教学实践，帮助教师进行情感交流和情感价值观教育。

此外，人类在享受智能技术所带来的便利的同时，要注意找准符合自身生命特点的特长和爱好，明确人生方向和目标，激发生命内在的自由与活力，提升问题处理能力，保持人的特立性和完整性。

（五）更聚焦于师生共同感悟的生命实践，践行生命教育

个体生命是目的性与工具性的并存，我们要在掌握智能工具的同时，进行智能教育，提升个体智能水平。

生命是智能教育的目的和内容。苹果公司现任CEO库克（Cook）曾提出，人们真正担心的，不是人工智能的发展会使机器像人一样思考和做事，而是随着人工智能的发展，人会变得像机器一样思考和做事。智能教育以探寻生命的意义与价值为使命，借助智能技术，践行挫折教育、感恩教育、情感教育、终身教育、生存教育、和谐教育、死亡教育等生命教育形式。

生命教育是智能教育的方法和形式，即以人的生命为基点，充分发挥人的主体性，遵循生命感悟这一主线，释放学生个性，关注生命的经历、感受、体验和感悟，开发生命潜能，以生命教育生命。智能教育时代的教师利用智能技术体验和感悟生命，将成为最关注生命教育的一代教师。

第三节　智能时代的高等教育治理变革与探索

一、高等教育治理的时代特征呈现

智能时代将为高等教育治理赋予个性化、整体性、协同性、透明性、动态性、自主性等特征。

（一）个性化

个性化是未来教育发展的趋势，高等教育治理需要对此做出回应，甚至需要做好相应准备。一方面，通过高等教育治理将教育个性化由理念转化为实践。例如，打造智能教学、学习管理系统，运用智能技术解决学习过程个性化、教学过程精准化、管理过程科学化的问题。另一方面，需要对高等教育个性化加强治理。加强案例引导和问题导向，将教育个性化与教育社会化有机统一起来，使学生能够发挥主动学习的积极性且又能与实践相结合。

（二）整体性

美国资深教育家魏克礼（Chris Whittle）在20世纪90年代初就提出了"学校整体改革"这一概念，认为学校变革必须从整体设计入手，不能基于局部思考。

整体性治理理念能够克服由个体主义思维方式的滥觞、治理模式碎片化、组织机构功能裂解化、数据信息孤岛化所带来的有限理性问题，推动治理科学化的实现。随着万物互联和大规模"开环"应用的发展，通过高等院校去中心化的、分布式的力量，挖掘出万事万物的数据价值，打破高等教育固化线路上的节点，引入多元教育主体，激发其参与高等教育治理的积极性和创造性，实现高等教育治理的去"闭环"。由此，通过逐步解决有限理性的信息缺失、信息量不足、信息割裂等问题，高等教育治理过程就可能实现从破碎转向整合、从分散转向集中、从单一转向多元、从部分转向整体，最终实现从"闭环"转向"开环"。

（三）协同性

未来社会将是一个多主体、多层次的复杂系统，不同力量相互制约，在竞争与合作中共存。这就需要多元主体间构建相互信任、彼此依赖、双向互动的关系，形成互联互通的网络治理格局，整合内部力量，集结外部优势力量，最终实现多元主体协同共治。早在1985年，教育家钱伟长就提出高校内部要拆掉四堵墙，即学校和社会之墙，校内各系科、各专业、各部门之墙，教育与科研之墙，教与学之墙。

通过人、机、物互联及相应的平台，可以及时准确地捕捉不同主体的诉求，有效提升其参与高等教育治理的意愿和获得感，高等教育系统由此就可能进入一个虚拟世界和现实世界合一、人机物一体化的时代。

（四）透明性

随着信息的有效公开和数据的科学运用，高度被感知的责任和透明成为未来社会追求的目标。利用智能技术及相应的工具，对治理数据进行开放，对决策过程进行留痕，使政策制定更具理性，继而实现高等教育治理全程透明。这样既颠覆了随意性决策的"黑箱"，约束了治理主体的自利性和机会主义动机，又能将不确定因素转变为看得到、听得懂、信得过的可视化、透明化信息。这样就可以提升高等教育治理的前瞻性、针对性和可操作性，赢得各参与主体、社会公众的信任。这种良性互动使高等教育治理模式更优，更接近"善治"的目标。

（五）动态性

未来社会可能会越来越充满不确定性。在社会转型的当下，治理主体和治理需求已经发生了深刻的变化，传统高等教育的静态治理模式越来越呈现出不适应、不实时的问题。

未来高等教育治理将体现其动态性。借助智能技术，以及各类智能装置和移动终端，人们可以连贯且即时完成从信息收集、数据挖掘、知识传输到政策制定、决策支持、信息反馈等各环节，及时发现和处理高等教育领域出现的问题，实现动态治理。

（六）自主性

借助智能技术，以科学决策为核心，基于人与机器的互联互通，高等教育治理将由经验模式逐渐向大数据支持模式转变，形成"智能治理"运转机制，激发出以智能工具为支撑的"最佳行动能力"。

同时，通过增强治理主体和治理行为的自主性，发挥各参与主体的集体智慧，利用智能技术的灵活性、自主性等特点，对人类的思维模式进行模仿与学习，将高等教育治理体系逐渐打造成一个智能系统。

二、高等教育治理体系变革及趋势

（一）高等教育治理体系的内在变革

智能时代将会对高等教育的治理结构、治理场景、治理主体和治理价值等产生深远影响。

1. 高等教育治理结构重构

高等教育治理体系将逐步形成高等教育系统网络化结构。在非中心、非科层的网络社会结构下，传统高等教育系统将逐渐解构并网络化。多元化的网络渠道将逐步替代单一的稳定信息渠道。网络结构所具有的传播、整合和监督能力将为高等教育系统带来强大的资源链接、多维协同能力，可增强与社会的对接能力、根植能力，激发综合活力和自我发展能力。高等教育治理结构的重构，主要体现为"节点治理"的理念，在让高等院校"拥有什么资源"很重要的同时，还将凸显能够"链接什么资源"的重要性。

2. 高等教育治理场景重建

高等教育治理体系将逐步实现对真实世界的数字化重建。在管理者远离现场的情况下，该能力也能够使其获取精准的现场信息，进而可以跨越地理空间，对社会场景进行精准再造。同时，利用可长期追溯的多维信息，可以改变对资源匹配的依赖状况，让现实资源更好地匹配和适应治理需求，重构高等教育治理体系。

数据同时具备技术属性和社会属性，成为推动变革的新生力量。一方面，利用大数据，可以创新高等教育服务与产品，拓展高等教育市场，重构高等教育价值链和生态圈。另一方面，通过挖掘高等教育大数据资源，构建大数据共享平台，可以激发社会、高校、市场等多元参与主体的积极性，增强高等教育治理的活力。智能时代的教学场景将发生重大变化，对治理提出新挑战。随着虚拟学校和实体学校逐渐融合，全民参与共建、共享、共治的泛在学习将成为未来的主要学习方式之一。人人都可能是知识的提供者、分享者，教师不用去教室就能实现教学与师生互动，每个学生的作业都可能是量身定制的，等等，所有这些变化都需要有新的治理模式与之相适应。

3. 高等教育治理主体拓展

人工智能的本质是基于大数据处理对人类思维与行为进行模仿，在这种情况下，社会形态、产业体系将发生重大的改变，也将进一步拓展高等教育的治理主体。

智能技术的应用，将可能使大量有规则、规律可循的工作被替代，而同时新技术、新文化的不断涌现对主体能力结构中的创造性、人文性特征更为强调。人力得到更大的解放，进一步催生劳动力资源结构的变化，使人们集中于从事更高等、更有创造性的工作，推动人类向更高级阶段进化。伴随主体能力特征和劳动力资源结构的变化，人机物混合社会形态逐渐形成。未来，智能机器将成为一种新的社会主体，自主收集信息、判断、决策和行动。以上这些变化将引发传统高等教育系统结构、知识结构、就业结构的重构，高等教育领域的参与主体和治理主体也将拓展，高等教育治理的边界也会变得更加"模糊"。

4. 高等教育治理价值重塑

在智能时代背景下，教育的根本在于用人工智能等科学技术提高教育的效率，以便教育的重心更多转移到人的精神和情感世界，从而将教育的价值更多地体现在对人的重视与关注上，即"对灵性的培育和养护"。

而对"灵性"的凸显，正是高等教育治理价值内涵的重塑。透过高等教育的历史脉络，从柏拉图建立学院到欧洲的现代大学体系，再到当下欧美主流的高等教育体系，大学教育一直在培养"和谐的人"还是"有用之才"之间摇摆。国内从事高等教育实践和研究的学者们也在反思，大学的价值和意义到底是什么，钱颖一教授提到了三个根本问题："什么是大学？什么是教育？什么是研究？"受"短期功利主义"的影响，高等教育治理的现状，无论是教师的职责重心、专业课程的设计还是校院管理的理念都有所偏颇。然而在智能技术的冲击下，很多人类的技能和功能越来越可能由机器所替代，这一状况将在一定程度上改变以"有用"来界定的大学的价值存在，从而对高等教育治理的价值内核进行重新塑造。

（二）高等教育治理体系的演化趋势

传统时代下包括高等教育在内的治理所呈现的基本架构与逻辑可以这样描述：自上而下的等级式科层架构、管理的宏观与微观相对分离、自然人是管理体系的最终主导。未来，高等教育治理体系将有可能主要发生以下三个方面的变革。

1. 治理结构的扁平化

智能时代将对高等教育形态与治理体系的同构关系造成冲击，推动高等教育治理体系由科层制向网络化结构演变。治理体系内部的院校治理体制突破科层制，进行深度整合，外部产学研合作体制不断压缩管理链条，治理结构趋于扁平化。

强化高等教育治理的多元化主体自身的治理效率，优化和重整信息流和命令流链条。各主体开展跨部门决策、执行和监督，科层制在智能时代有了新的含义，具体体现为：随着动态任务的发布，柔性决策替代了刚性决策，科层制链条具有更高的灵活性；随着数据流整合和场景重建，双向任务链替代了单向任务链，治理过程更加透明，更有说服力。

2. 治理边界的重塑

全息化态势是未来高等教育的主要特征之一。由于信息被精确传递，高等教育领域的上层组织及管理者，更能根据一线信息对下属单位的需求做出及时反应；信息的全息化还能有效消解因权力运行造成的层级间的紧张关系和对立情绪，实现良性互动、合作共赢。

因此，高等教育领域的政策制定者需要重新审视各种关系，厘清高等院校和二级部门或学院之间的职责边界，以及现实空间治理和虚拟空间治理的边界。高校内部将从宏观层面注重对治学和教育理念的洞察和掌控，从资源调度和综合治理方面为二级学院（系）的决策和执行提供支持。随着泛在学习方式的普及，以及治理主体的增加及结构性变化，高校之间、高校与业界之前所构筑的高等教育价值链将发生解构和重构，以大数据为核心的治理体系将逐渐形成。

3. 治理主体的多元化和协同化

智能技术将提升高等教育治理的信息处理能力，增加治理的主体，从而使治理的内涵与外延发生巨大变化，对人类的管理水平提出新挑战。

同时，仅凭单一学科或专业已经无法解决高校治理面对的新形势中的新问题。社会分工的进一步细化，将会使高等教育与全产业链的多元协同成为内在动力，加强多学科专业的协同创新成为必然。传统的学科专业架构和院系组织模式必将发生重大变革，这是因为智能化工具能够有效助力高等教育机构科学预测、系统捕捉未来有生命力的学科专业生长点，并进行跨学科、跨部门、跨领域、跨区域的协同，多元主体互动和多元协同创新将成为高等教育领域的新常态。

三、高等教育治理体系实现路径设计

智能时代的高等教育治理体系将涉及国家发展的诸多要素，由智能技术发展和社会多元治理动态耦合而成。以因地制宜、因事而化、因时而进、因势而新的原则为指导，开展技术路径、场景路径与协同路径等方面的研究就显得尤为重要。

（一）技术路径

科学技术是产业转型升级和经济结构调整的推动力，是社会专业化大分工的加速器。从历史来看，高等教育是国家创新的源泉和中坚力量。同时，创新是高等教育可持续发展的根本动力。高等教育的发展与进步是教育和科技循环递进、协同发展的结果。智能技术将改变传统的学习方式，引发新的利益关系和利益冲突。应从智能技术与人类共生的角度架构高等教育治理的技术路径，构建更为完善的高等教育治理范式框架，发挥科学技术在高等教育治理中的作用，从"科学—技术—社会"逻辑设计解决利益冲突的治理规则和机制。

（二）场景路径

高等教育治理需要从技术融合和组织重构两个方面重新设计治理场景：一是通过技术融合打造高等教育过程性场景。将智能技术深度应用到高等教育治理的全过程，加强信息和数据的采集、分析和处理过程的治理，优化信息流和数据流的双向多维网络化运行能力，推动高等教育治理能力的提升和模式创新。二是加强组织重构。根据智能时代的特征进行组织设计及重构工作，实现高等教育的"六去"（通过去中心化、去权威化、去差异化、去中立化、去时间化来实现去固式化），消除多元利益相关者互不信任的情况，建构一个跨边界、跨层级的纯粹的"信任"的验证机制。

（三）协同路径

开放性、多元性是社会发展的主旋律，高等教育治理需要本着政府、高校、社会、个体多方协同共赢的理念，在遵循高等教育发展规律的基础上兼顾国情和区域特色，形成多元合作、协同共治的治理格局。高等教育领域要迎合时代的步伐，逐步改变传统管理理念，在大数据分析的基础上，发挥有计划的市场机制在资源配置中的决定性作用，引导多元社会力量，加强治理机制的融合，形成协同治理新模式。对高等教育领域多元主体的职责和任务边界进行重新定位，构建一个双向多维的分布式、去中心化的"自组织"治理网络，激发内在活力，打造共生、共治、共享的高等教育治理体系。

随着智能技术的不断应用，有些国家的高校在应对未来教育挑战方面进行了一些尝试。例如，美国斯坦福大学 2025 计划，认为未来学习将具有个性化、终身化、定制化、自主化等特征，提出了未来大学的四项核心设计："开环大学""自定节奏的教育""轴翻转""有使命的学习"。

再如，悉尼科技大学也在近年提出了加快数字化转型教育的要求。为应对高等教育变革的挑战，能够在不确定性下做出调整和适应发展，悉尼科技大学提出了"成为具有全球影响力的一流的公立科技大学的愿景"，并制定了 2027 战略。该战略以"终身学习"为核心，强调把全体员工甚至更多的人，看作未来的学习者群体，关注与之相关的五个要素——个人学习经历、合作伙伴关系、引领创新和创业、提供具有影响力的优秀研究及可持续的未来。该战略为悉尼科技大学未来 9 年的发展确定了方向，并以 3 年为一期专注于战略实施。2019 年至 2021 年推出了 8 项战略举措，以促进悉尼科技大学迈向一个新的阶段。悉尼科技大学希望通过这种高等教育治理手段来调整院校内部的管理模式和内部治理结构，从而更有效地发挥教育优势、回应社会需求、实现公众利益，最终实现学校愿景。

第四节　智能时代的高等教育模式

今天这个时代，表面无序但又深度关联，要解释这个时代环境和事物的变化与发展，根本在于理解复杂系统的演化规律。

"去边界"的泛在大学模式、"变规则"的轴翻转、"破壁垒"的开环大学、"求个性"的定制化教育和自主性学习，均从不同维度揭开了智能时代高等教育模式"面纱"的一角。但对高等教育模式这一复杂系统在智能时代下的可能性范式的整体刻画，仍需要延续本章开篇所提到的"外生性影响"和"内生性演变"两条线索进行展开。

一、高等教育体系的共生概念引入

边界模糊，共生兴起。在表面的无序下，原来内生性的演变依托于越来越多的外生性因素，外生性影响越来越直接地介入高等教育内部的要素关系和结构中。其实质随着越来越多的要素涌入高等教育，在相互连接中互为主体，看似什么（边界）都可以突破，什么（范式）都有待颠覆，什么（规则）都可能打破，但有可能会越来越接近高等教育的本质。

"共生"概念源自生物学领域，由德国真菌学家海因里希·安东·德巴里（Heinrich Anton de Bary）提出，定义为不同种属生活在一起。而在人类社会中，个体与个体、组织与组织之间相互联系、相互影响，类似于生物学的共生关系，由此，"共生"概念被引入社会科学、管理学、经济学等领域。

二、智能时代高等教育的共生机制

高等教育的共生机制可能在过去或当下已经存在，这里强调智能时代高等教育共生机制的含义，不是单一或片面地从某一状态或维度来探讨，而是将高等教育共生体这一系统作为关注对象。由此，外部环境、外生性要素（如个体、组织、资源、网络）和外生性因素（如社会变革、技术革新）成为高等教育共生体的组成部分，连同高等教育内生性要素（如人、活动、资源）、要素关系（学习模式和教育模式）和关系结构（高等教育治理）一起形成紧密的体系。

在这一紧密体系中，原有的"外生性影响"进一步演变为高等教育与外部连接的"路径延伸"形式，发展为高等教育与其他组织、个体相互依存的"外共生"机制；而原有的"内生性演变"则进一步聚焦于高等教育依托智能时代环境特征进行自我价值的"方向归回"，并对社会环境进行良性反馈的"共生"机制。

依托智能时代的技术要素和环境要素，大数据、人机物互联互通、人工智能等技术的广泛介入，使得外共生机制能够更好地打破学习与教学的边界，突破传统高等教育有形场域的壁垒，使得"无边界教育""无边界学习""泛在学习"等概念得以实现，打破传统教育在层次、类型、时间、空间等方面的边界，形成任何时间、任何地点的任何人可以就任何内容进行任何形式的无限场域高等教育新模式。

如果说外共生机制对应的是高等教育与智能时代结合的正向产物，那么内共生机制就是为了反思和抑制上述结合中存在的风险和反向作用。

随着外生性要素的广泛介入，对高等教育的利益驱动和价值诉求更为多元，而教育的公共属性使其必须承担起塑造国家、社会的公共价值和个人美好生活的使命与责任。如何在利益驱动、多元价值和公共责任中保持平衡，需要高等教育在面对时代挑战的同时保持自身站位，守住价值本源。

智能时代高等教育的变革，必定是整合了适应外在挑战赋予的发展"使命"后的内在变革,这种基于回归本源的"初心",才是有效实现高等教育内外生机制协同作用的根本。

随着连接和互动的深度和广度的增加,利益和价值在外部环境、外生性要素和高等教育之间不再是简单的交换或分享,而是有效的协同。共生系统的稳定将成为智能时代高等教育模式发展的重心,个体的独立性和系统的稳定性相统一,在系统的动态稳定中实现个体成长。

三、智能时代高等教育的无限场域

在传统高等教育模式下,学习模式和教学模式需要依托高等教育的有限场域进行开展,外部环境和要素的介入也需要部分依托有形场域。为探索如何打破有形的边界和壁垒,让要素和资源在高等教育场域中优化流通,钱伟长提出并探索实施"拆掉学校和社会之墙,校内各系科、各专业、各部门之墙,教学与科研之墙,教与学之墙"的理念。

进入智能时代,共生机制中的边界开放,不是不具备边界,而是边界的开放性、融合性更为便捷。这里的边界有学科的边界、学习的边界(时空)、学校的边界、学界与业界的边界、需求与供给的边界……共生机制可能发生在边界内,也可能发生在边界外。

去边界性和去碎片化将可能实现,能够在共生体内依托责任、权力、利益和价值将资源进行个性化组合,并融合重塑出新的价值。

依托智能技术的广泛应用,高等教育将开启无限场域模式,外生性要素和内生性要素聚集在网络平台上,只要通过移动终端或其他网络终端,个体就能依托身边便捷的实际场域(家庭、社区、图书馆、咖啡馆等)与高等教育要素(外生性和内生性)结合,创造出个性化、动态性的无限场域模式,从而真正实现钱伟长"拆掉四堵墙"的教育理念。

高等教育的价值创造将不仅根植于有限场域和有限要素,而且能够在由智能时代开启的无限场域中更为高效地开展。

四、智能时代高等教育模式外延

智能时代的高等教育模式在方向上体现为内向回归，即价值追求更趋本源，在路径上拓展外向延伸，与其他主体及环境的连接更为积极和良性，实现相互依存、相互融通、相互协同。

在智能时代，高等教育由有限场域向无限场域演变，钱伟长"拆除四堵墙"的教育理念得到真正的实现，即"拆除学校与社会之间的墙，加强高校与社会的联系；拆除教学与科研之间的墙，老师必须科研、教学双肩挑；拆除各学院与各专业之间的墙，不再隔行如隔山；拆除教与学之间的墙，培养学生的自学能力"。学习模式和教学模式的组织需要同时做出重大调整，相对应的高等教育的治理模式迫切需要变革和探索。

（1）在智能时代，人机协同、系统思考、创造性解决问题、批判性思维等技能更受业界和雇主关注，高校毕业生需要在原有素养的基础上，具备三种素养（数据素养、技术素养和人性素养）和五种认知能力（批判性思维、系统性思维、创造性思维、创业能力和文化敏锐力）。学习模式也将发生五个方面的变化：由教师主导的被动学习向学生主导的自主学习模式转变；由知识导向向能力导向的人机协同学习模式转变；由"终结式"学习向"终身式"学习模式转变；由"标准"学习向"定制"学习模式转变；由"成才"学习向"成人"学习模式转变。

（2）未来教学模式以项目式学习、跨学科的主题研究与应用等为主要特征，更为强调与真实世界的联结，学生在学习中验证已有知识并创造新的知识，对教师在教学技能、教学特点、教学目的、教学内容和教学方式等方面提出新要求。智能时代下的教师实践将更聚焦于具有生命特征的职业分工，体现生命回归；更聚焦于体现高端品质的职业特征，凸显生命价值；更聚焦于追求人机协同的智能教育，达成生命智慧；更聚焦于探寻人的生命的整体意义，实现生命观照；更聚焦于师生共同感悟的生命实践，践行生命教育。

（3）智能时代为高等教育治理赋予个性化、整体性、协同性、透明性、动态性、自主性等特征。与传统高等教育相比，智能时代的高等教育在治理结构、治理场景、治理主体、治理边界等方面将可能发生重大变革。高等教育亟须从智能技术与人类共生的角度架构高等教育治理的技术路径，通过技术融合和机制体制的变迁确立场景路径，通过合作共治建构协同路径，设计解决利益冲突的治理规则和机制。

（4）高等教育共生系统将成为智能时代高等教育模式的关注对象，外部环境、外生性要素和外生性因素成为智能时代高等教育模式的组成部分，连同高等教育内生性要素、要素关系和关系结构一起形成紧密体系。原有的"外生性影响"进一步演变为高等教育与外部连接的"路径延伸"形式，发展成"外共生"机制；而原有的"内生性演变"则进一步聚焦于高等教育依托智能时代环境特征进行自我价值的"方向归回"，并对社会环境进行良性反馈的"内共生"机制。共生系统的稳定成为智能时代高等教育模式发展的重心，个体的独立性和系统的稳定性相统一，在系统的动态稳定中实现个体的成长与发展。

参考文献

[1]李仁涵. 智能时代高等教育模式研究 [M]. 上海：上海大学出版社，2019.

[2]黄贤明，梁爱南，张汉君. "互联网＋"背景下高等教育信息化的改革与创新研究 [M]. 长春：东北师范大学出版社，2018.

[3]陈祖兴. 知识经济与高等教育文集 [M]. 福建省高等教育学，1998.

[4]罗锦银，邓立红. 高等教育改革与研究文集：第 2 卷 [M]. 武汉：武汉出版社，2015.

[5]河南大学教务处，河南大学高等教育科学研究所. 高等教育研究：第 10 辑 [M]. 开封：河南大学出版社，2007.

[6]尹虎，刘静华. 产品概念设计 [M]. 北京：中国铁道出版社，2016.

[7]刘道玉. 高等教育改革的理论与实践 [M]. 武汉：武汉大学出版社，1986.

[8]任宇. 高等教育学选讲 [M]. 北京：高等教育出版社，1986.

[9]王爱民，薛瑞丰，唐虎，等. 中国高等教育研究论丛：第 3 卷 [M]. 成都：成都科技大学出版社，1993.

[10]南通大学高等教育研究所. 南通大学高等教育研究：第 1 辑 [M]. 长春：吉林人民出版社，2006.

[11]钟群. 高校美育网络教学评价研究 [D]. 重庆：西南大学，2020.

[12]陈芋洁. 人工智能背景下教师角色定位研究 [D]. 重庆：西南大学，2020.

[13]吕正则. 嵌入本科工程教育的计算能力及其培养模式研究 [D]. 杭州：浙江大学，2020.

[14]刘洋. 有声语言表达艺术的审美意蕴研究 [D]. 长春：吉林大学，2019.

[15]刘刚. 行业法治研究 [D]. 长春：吉林大学，2019.

[16]孙树彪. 高等教育内涵式发展的"立德树人"研究 [D]. 长春：吉林大学，2019.

[17]邵琪. 智慧教育史论 [D]. 杭州：浙江大学，2019.

[18]林坤. 信息技术与苗族文化课程整合的个案研究 [D]. 长春：东北师范大学，2019.

[19]刘洪翔. 促进创造力培养的大学生学业评价研究 [D]. 长沙：湖南师范大学，2019.

[20]于瑾. 高校辅导员职业化建设的大数据应用研究 [D]. 长春：东北师范大学，2019.

[21]张海生. 人工智能时代的高等教育将如何存在 [J]. 江苏高教，2020（02）：23-29.

[22]李明娟，成希，罗娟. 人工智能时代的高等教育之变与不变[J]. 黑龙江高教研究，2020，38（02）：41-44.

[23]王雪，何海燕，栗苹，等. 人工智能人才培养研究：回顾、比较与展望 [J]. 高等工程教育研究，2020（01）：42-51.

[24]汪燕，田党瑞，刘选，等. 教育信息化研究十个重点问题：基于"与主编面对面"沙龙记录和相关文献 [J]. 现代远程教育研究，2020，32（01）：12-22，32.

[25]周奕. 人工智能时代高等教育变革探析：基于AI与IA的视角 [J]. 现代教育论丛，2019（06）：17-23.

[26]李政涛，罗艺. 智能时代的生命进化及其教育 [J]. 教育研究，2019，40（11）：39-58.

[27]刘德建. 人工智能赋能高校人才培养变革的研究综述 [J]. 电化教育研究，2019，40（11）：106-113.

[28]李克红. 人工智能视域下成人高等教育人才培养模式研究 [J]. 中国成人教育，2019（19）：13-19.

[29]王佑镁，宛平，赵文竹，等. 科技向善：国际"人工智能+教育"发展新路向——解读《教育中的人工智能：可持续发展的机遇和挑战》[J]. 开放教育研究，2019，25（05）：23-32.

[30]赵渊. 人工智能时代的高等教育抉择：方向、策略与路径 [J]. 社会科学战线，2019（10）：234-241.